品质课程
实验研究
丛书

丛书主编
杨四耕

以儿童为中心的课程

欢乐谷课程的旨趣与维度

徐德兵　主编

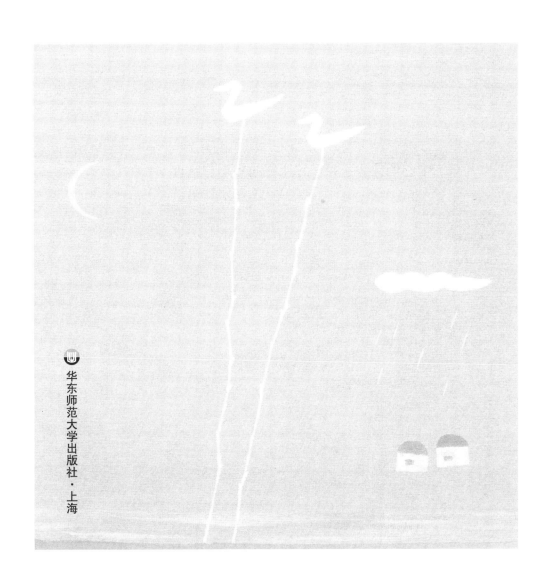

华东师范大学出版社·上海

图书在版编目(CIP)数据

以儿童为中心的课程：欢乐谷课程的旨趣与维度/徐德兵主编. —上海：华东师范大学出版社，2019
（品质课程实验研究丛书）
ISBN 978-7-5675-9489-0

Ⅰ.①以… Ⅱ.①徐… Ⅲ.①儿童教育−课程建设−研究 Ⅳ.①G61

中国版本图书馆 CIP 数据核字(2019)第 273124 号

品质课程实验研究丛书

以儿童为中心的课程：欢乐谷课程的旨趣与维度

丛书主编　杨四耕
主　　编　徐德兵
责任编辑　刘　佳
项目编辑　林青荻
特约审读　陈成江
责任校对　郭　琳
装帧设计　卢晓红

出版发行　华东师范大学出版社
社　　址　上海市中山北路 3663 号　邮编 200062
网　　址　www.ecnupress.com.cn
电　　话　021-60821666　行政传真 021-62572105
客服电话　021-62865537　门市(邮购)电话 021-62869887
地　　址　上海市中山北路 3663 号华东师范大学校内先锋路口
网　　店　http://hdsdcbs.tmall.com/

印 刷 者　上海锦佳印刷有限公司
开　　本　787×1092　16 开
印　　张　15
字　　数　201 千字
版　　次　2020 年 1 月第 1 版
印　　次　2020 年 12 月第 2 次
书　　号　ISBN 978-7-5675-9489-0
定　　价　45.00 元

出 版 人　王　焰

(如发现本版图书有印订质量问题,请寄回本社客服中心调换或电话 021-62865537 联系)

编委会

主　编：徐德兵

副主编：温丽华　罗国荣

成　员：龙顺媚　戴冬宁　钟永红

　　　　李丹贤　赵嘉怡　魏静思

　　　　林裕姗　周外香　成　娜

　　　　刘丽霞　庄　琪　周燕聪

　　　　甘美誉　戴瑞传　李　玉

　　　　王玉凤

丛书总序

实践,课程最美的语言

西方课程研究已有百余年历史,对课程实践影响比较大的当属课程开发模式研究。西方课程开发模式主要有以下几种:一是目标模式,它以明确的目标为中心开展课程研制,其代表人物有博比特、泰勒和布卢姆;二是过程模式,它旨在通过详细说明内容和选择内容,遵循程序原理来进行课程研制,代表人物是斯滕豪斯;三是情境模式,它强调社会文化情境的分析,反对脱离社会现实及学校具体情境的课程方案研制,劳顿和斯基尔贝克是其主要代表人物;四是实践模式,以施瓦布为代表,他认为,通过课程审议洞察具体的实践情境,提出可供选择的方案是课程开发的重要任务。

自 20 世纪 90 年代以来,课程研究者逐渐不再局限于依据某种单一的课程理论来进行课程设计,而是根据培养目标、学习者的特点等对多种课程设计理论进行整合,以实现课程开发目标。如我国课程学者在批判继承东西方课程理论合理内核的基础上提出了"人化—整合"课程研制方法论,指出了该方法论的教育学标准、范式坐标、本质特征及框架设想。(参见郝德永在 2000 年于教育科学出版社出版的《课程研制方法论》。)

创新是理论研究的生命。被誉为"现代课程理论之父"的泰勒在他的专著《课程与教学的基本原理》中提出,课程研究必须关注"四个基本问题":学校应该达到哪些目标?提供哪些教育经验才能实现这些目标?怎样才能有效地组织这些教育经验?我们怎样确定这些目标正在得到实现?这四个基本问题构成了课程与教学的基本原理,为课程开发提供了坚实的理论基础和可靠的实践范式。我们提出的"首要课程原理",是置身中国课程改革实践,吸纳西方课程研究成果,采取整合融贯的思维方式,在充满张力的文化场域中进行综合创造的结果。它创造性地将泰勒的"四个基本问题"发展为学校课程实践的"五个基本原理":聚焦学习原理、情境慎思原理、文化融入原理、目标导引原理和扎根过程原理。其研究旨趣不是宏大庄严的理论,而在于回应课程变革的现实需求,更好地提升学校课程品质。

1. 聚焦学习原理:儿童成长是课程的焦点

杜威说:"儿童和课程仅仅是构成一个单一的过程的两极。"他以全新的视角揭示了一个观点,即课程内容的逻辑顺序与儿童生长的心理顺序在本质上是一致的,它们都是儿童主动活动的结果。为此,他提出要研究儿童不同发展阶段的需要与可能性,给儿童提供有助于其"生长"的课程。他说:"儿童的世界是一个具有他们个人兴趣的人的世界,而不是一个事实和规律的世界。儿童世界的主要特征,不是什么与外界事物相符合这个意义上的真理,而是感情和同情。"(杜威语)儿童需求是课程的核心,孩子们需要什么、喜欢什么,就给他配什么样的课程。杜威说:"兴趣的价值在于它们所提供的那种力量,而不是它们所表现的那种成就。"这充分体现了儿童的"兴趣"和"感情",融通了"科学世界"与"生活世界"的诉求,它让每一个孩子乐在其中,有所感、有所思、有所悟、有所得。聚焦学习,回归生长,让儿童处于课程中央,这是学校课程深度变革的追求。

2. 情境慎思原理:清晰学校课程变革的起点

课程生成于特定的时代背景与文化架构之中,是文化选择的结果,我们不能脱离社会现实及学校具体情境在"真空"中开发课程。只有在"情境慎思"的基础上,我们才能准确把握学校课程变革的宏观背景,深刻理解课程变革的文化架构,进而准确地揭示课程的本质,制定出立足在地文化资源、基于学校发展实际的课程方案。英国课程学者劳顿指出:课程开发必须关注宏观文化背景,研制课程要先进行"文化分析"。除了关注宏观文化背景,还要对学校微观情境进行分析,将关注的焦点放在具体学校和教师身上。这是英国课程学者斯基尔贝克课程开发"情境模式"之核心观点。

3. 文化融入原理:让思想的光辉映照学校课程

在不少人的眼里,课程就是分门别类的"学习材料"。当我们走出这种视野,把课程理解为每一个人活生生体验到的存在的时候,课程就具有了全新的含义,它不再只是一堆材料,而是一种"复杂的会话",一种可以进行多元解读的"文本"。通过"解读"我们可以获得多元话语,通过"会话"我们可以得到关于课程的独特理解。派纳说:"课程是一个高度符号性的概念,它是一代人努力界定自我与世界的场所。"它允许人们从不同的视域来理解课程,通过个性化的"复杂会话",课程那被久久遗忘的意义得以澄明："学校课程的宗旨在于促使我们关切自己与他人,帮助我们在公共领域成为致力于建设民主社会的公民,在私人领域成为对他人负责的个体,运用智力、敏感和勇气思考与行动。"在这里,"课程不再是一个事物,也不仅是一个过程。它成为一个动词,一种行动,一种社会实践,一种私人的意义,一种公共的希望"。

4. 目标导引原理:让学校课程变革富有理性精神

如前所述,泰勒提出了课程开发的基本问题即著名的"泰勒原理"。由此,他建立了课程研制活动的四个基本环节:确定基本目标,选择学习经验,组织学习经验,评价学习结果。我们认为,学校课程变革不是漫无目的的"撒野",而是基于目标的牵引,匹配课程、实施课程、评价结果的过程,是让理性精神照耀学校课程变革的过程。

5. 扎根过程原理:激活学校课程变革图景

英国课程学者斯滕豪斯在 1975 年出版的《课程研究与研制导论》中,首倡课程开发的过程模式。过程模式重视基于"教育宗旨"的课程活动过程,强调通过对知识形式和活动价值的分析来确定内容,主张通过加强教师的发展来激活学校课程,要求教师在课程开发过程中,通过反思澄清隐含在课程实践过程中的价值要素,提升课程实践过程的价值理解力和判断力。美国课程学者施瓦布认为:课程是一个相互作用的"生态系统",它是建立在对课程意义的"一致性解释"基础上,通过这个"生态系统"要素间的相互理解、相互作用,实现学生学习需求的满足和德性的生长。因此,课程变革必须激活包括教师和学生在内的课程实践过程,回归课程的实践旨趣。

我们认为,"首要课程原理"是对课程现象、课程关系及其矛盾运动的理性认识,是建立在客观的课程事实、课程现象基础上的,通过归纳、演绎等科学方法,由概念、判断和推理构成的观念体系。它不是零碎的观点,有着自己独特的形式结构,是由不同要素构成的复杂理念系统。"首要课程原理"也是动态生成的观念系统,不是金科玉律式的教条,不是封闭的符号化知识体系,而是有待改进与完善的学校课程变革建议。"首要课程原理"具有实践浸润性,不是理论循环自证的形上之思,它是为了课程实践,通过课程实践,在课程实践中,浸润在实践与实验中不断生长的课程理论。

实践，课程最美的语言。经过十多年的实验与研究，我们深深感受到，学校课程实践的复杂性需要整合性的课程理论架构作指导。"首要课程原理"是在潜心梳理现有课程理论成果过程中，发现其固执一端的弊端而获得方法论启迪的，它是以综合创造思维对各流派课程理论进行概括、提炼与建构的结果。它是课程研制要素在时间和空间上相对稳定的联系方式的理性表达，既是从过去状况到现实经验的情境分析，也是对课程理想状态的整体设计。可以说，"首要课程原理"是课程理论的精华与课程实践的智慧，具有观点深刻性、架构系统性及实践指向性等特点。

"品质课程实验研究丛书"是我们运用"首要课程原理"开展课程行动研究，促进一批学校推进课程深度变革的成果。我们期望通过试验与实证、归纳与演绎，逐步完善"首要课程原理"系列命题，建立理论性与实践性并存、可重复、可操作的课程知识体系，真正提升学校课程实践品质。

课程是理论的实践表达，理论是实践的理性观念，让课程理论与实践良性互促是课程研究的神圣使命。富有原创性的课程理论，不仅启发无尽的思考，也启示实践的路向，激发课程变革的热情。一种好的理论，应当顶天立地，上通逻辑，下连实践，体现思辨的旨趣，充满生命活力。

杨四耕

2019 年 5 月 1 日于上海市教育科学研究院

目录

第一章　人文是生命中最温暖的光 / 25

人是万物的尺度，人文的核心是人，尊重人，关心人，温暖人。人文是凌晨的启明星，从远古洪荒走来，引领人类在黑暗中寻找光明；人文是智慧的光芒，穿透野蛮和愚昧，引领人类在曲折中前进；人文是寒夜里的光，驱散人性中最黑暗的部分……人文精神的熏陶，可以丰富儿童的情感，滋润儿童的心灵，温暖儿童的生命！

第二章　语言是生命最灿烂的花 / 61

　　语言是存在的家,是盛开的生命之花。让我们轻轻地行走在那些伟大的文字间,感受着语言带给我们的曼妙,感怀那魅力的语言所编织的惬意生活场景,勾勒的淡墨梅花暗香,书写的婉丽飘逸诗行,牵起的情丝缕缕……语言交流课程不仅让儿童积累词汇,形成初步的综合运用语言文字能力,更要让他们成长智慧、生长思想,涵养品性。

第三章　思维是智慧最本真的行走 / 109

　　笛卡儿说:"数学是人类智慧皇冠上最灿烂的明珠。"数学是跳动的音乐,用简洁的符号奏出大自然优美的旋律之歌;数学通向自由的使者,打开了通向科学的大门;数学是理性的光芒,使人类的思维得到最为可靠和完美的演绎;数学是谜一样的热情,让每一个沉醉其中的人无法自拔。数学是苏绣、是端砚,也是高楼大厦……它滋养儿童的智慧生命,让儿童精细、严密、确定、执着,无可辩驳!

第四章　艺术是最迷人的享受 / 141

艺术如一道美丽的彩虹,划过儿童的天空,时而化作儿童手中的丹青,涂抹五彩的世界;时而化作一支妙笔,书写美丽的诗行;时而化作一曲欢愉,放歌快乐的童年;时而化作指尖下的古筝,弹奏一曲高山流水……艺术是诗,艺术是画,艺术是歌,艺术是对美的追求,艺术更是对生命的热爱。艺术是唤醒,艺术更是成就,它滋养儿童的精神,丰盈儿童的生命,让童年绚烂缤纷!

第五章　科学是瞭望未来的窗口 / 163

科学的魅力在于它能够从简单的事物中发现无穷的奥妙,从复杂的事物中发现简单的规律,告诉我们小至夸克、大至宇宙的现象和规律,凸显科学真理。科学是怀疑的态度,是独立的精神,是勇敢的追求,是不倦的探索,是反复的证实,是可靠的知识。科学之美在细节之中,在宏大之中,在严密的逻辑中,在确凿的证据中,在孜孜的追求中,在广袤的空间和悠久的时间之中。科学以其神奇的力量,改变着儿童:给儿童以智慧和想象,让儿童相信真理,奋不顾身!

第六章　运动是生命最充沛的养分 / 193

人生是一段曼妙的旅程,运动是人生旅程中一幅幅美丽的画卷,沿途风景无限:运动指引我们向前,朝着目标坚定不变;运动激励我们攀登,在前进的路途上攻坚克难;运动教会我们坚毅,跋山涉水不畏路途遥远……运动是身体在跳跃,运动是激情在点燃,运动是意志在呼喊,运动是生命在奔腾,人生因运动而不断丰盈、饱满!

总论

学校课程框架的建构逻辑

广州市黄埔区黄陂小学创办于1953年,原名为广州市白云区黄陂小学,因行政区划调整,先后更名为广州经济技术开发区黄陂小学、广州市萝岗区黄陂小学,2016年8月更名为广州市黄埔区黄陂小学。学校地处黄陂新村南侧的小山谷中,位于广州科学城板块,紧邻广汕公路、地铁6号线,东靠北二环高速,北倚天鹿湖森林公园,交通方便,地理位置优越。学校占地30 998平方米,建筑面积10 893平方米。现有30个教学班,学生1 200余人。在上级部门和社会各界的支持下,黄陂小学全体教职员工团结务实、艰苦创业、开拓进取,将一所仅有12个班的乡村小学建设成为校园布局合理、环境优美、功能场室齐全、设施完备的规范化学校,培养了一支师德高尚、业务精湛、结构合理、凝聚力强的教师队伍,摸索出一套规范的学校管理制度,建立了德能勤绩廉并重的用人机制,成为一所政府认可、社会认同、家长信赖的区域优质学校,取得跨越式的发展。学校先后被评为广东省依法治校示范校、广州市一级学校、广州市规范化学校、广州市特色学校等。

一 课程哲学:学校课程框架的理念

1953年9月,黄陂小学的前辈们筚路蓝缕,开始在这片充满生机与活力的热土上传授知识,播种文明,也播种希望。65年风雨兼程,65年桃李芬芳,一代又一代黄小儿童在这里快乐成长……此情此景,令人难忘。2006年,时任校长冷改新和老师们一起填词、谱曲,创作校歌《金色童年》,要让孩子们"在这里度过金色的童年"。此后的十多年,黄陂小学人一直苦苦追求,执着探索,探索自己的办学特色,追寻自己的教育理想。当我们回思这么多年的苦苦探索与不懈追求,蓦然发现,我们所追求的,不就是校歌里所唱的,要给孩子们一个"金色的童年"? 这个金色的童年,一定是一个快乐的童年,一个幸福的童年,一个充满儿童生活味儿的童年。于是,我们豁然开朗:我们就是要建设"一所富有儿童味的学校"(发展愿景);我们就是要"舞动童心,鼓舞童年"(办学理念);我们就是要推进"童味教育"(教育哲学)。

我们坚信,每一段生命历程都有其不可替代的价值。不同的课程是孩子通过人生路上不同"渡口"的"摆渡",课程建设应该符合儿童的阶段成长特点,教育应该尊重生命成长的顺序。"童味教育"是让教育成为儿童的教育,就是让儿童回归天真、活泼的生命状态,享受儿童味的生活。

我们坚信,每个孩子都应该拥有一个幸福的童年。我们应该站在孩子的角度,理解孩子,打造适合孩子、让孩子乐于参与的课程,教育不应该是孩子的负担。"童味教育"的理念就是构建孩子的精神家园,是快乐的教育,要让童年生活多姿多彩,飞扬童心,绽放童年。

我们坚信,童心是人类最美好、最纯真的情感。它充满了对生命、对生活的热爱和好奇,具有无限发展的潜力和可能。"童味教育"是开启生命智慧的教育,要激发儿童的生命潜能,促进儿童的自我教育和成长。

我们坚信,教育的根本目的是培养能够幸福生活的人。"童味教育"是归真的教育,要让儿童学会健康地生活、智慧地生活、高雅地生活。

学校的影响力,取决于课程的影响力;学校的创造力,取决于课程的创造力;学校的生命力,取决于课程的生命力。这三种力量的体现主要取决于课程理念。课程理念是课程建设的核心环节,我校的课程理念是:让童心飞扬,让童年绽放。我们将学校课程模式称为"欢乐谷课程"。

我们希望,当孩子们走进"欢乐谷"的时候,每一颗童心都快乐飞扬,每一双眼睛都闪闪发光;智慧在这里成长,生命在这里绽放。在这里,孩子们会拥有一个幸福而难忘的童年。这意味着:

——课程即成长的历程。法国启蒙思想家、哲学家、大教育家卢梭曾说:"大自然希望儿童在成人之前就像儿童的样子。如果打乱了这种次序,我们就会造成一些早熟的果实,他们长得既不丰满也不甜美,而且很快就会腐烂。"明朝思想家王守仁提出:"大抵童子之情,乐嬉游惮拘检,如草木之始萌芽,舒畅之则条达,摧挠之则衰萎。"童年是人生的一段重要生命历程,童年的生活也应当是快乐的。我们应当遵循儿童的身心特点,尊重孩子的个性需求,设计丰富多彩的活动,让孩子们找到自己最感兴趣的内容,快乐学习,让每一颗童心都快乐飞扬,获得积极、愉悦的情感体验,让课程成为孩子成长的一段历程。

——课程即智慧的源泉。学校课程不仅要让学生找到自己最感兴趣的活动内容,形成积极的情感体验,还要设计具有挑战性的活动内容,让儿童动手、动口、动脑,多种感官参与,合作交流,探究学习,开启儿童的生命智慧。

——课程即展现的舞台。学校要为孩子的成长提供自我展现的舞台,要让孩子们展现自己最为精彩的一面,通过各种节庆汇演及作品展示等形式,让校园处处展现孩子们的生命活力与成长过程,让每一个孩子都能在校园里找到精彩的"自己"。

——课程即个性的张扬。孔子的"有教无类,因材施教",龚自珍的"我劝天公重抖擞,不拘一格降人才",都是一种包容的教育,倡导"一花独放不是春,百花齐放春满园",依归童心,张扬个性。我们尊重生命的自然状态,尊重儿童生命的自主、自由和独特,用我们的赤诚和勤勉浇灌每一朵娇嫩的生命之花。我们相信儿童潜力无限,相信人人是"天才",人人会创造,并执着地用我们的教育智慧去点化、润泽、开启每一个智慧心灵。

——课程即生命的绽放。教育的目的应当是向人传送生命的气息,教育之"育"应该从尊重生命开始。生命是多元的,有个性差异的,课程是生命绽放的沃土,是生命与生命平等对话的基石。课程尊重多元的生命,课程激励生命的潜能,生命融入课程,借助"欢乐谷"课程的人文魅力、语言交流、思维智趣、科学探索、艺术审美、运动健康让生命回归本真,绚丽绽放。

二　课程目标:学校课程框架的聚焦

我们通过丰富多彩的课程,帮助孩子成长为举止文雅、乐学善思、兴趣广泛、健康自信的少年。

举止文雅：有良好的生活习惯,举止文明,善于与人合作交流,学会欣赏他人。

乐学善思：热爱学习,养成良好的学习习惯,掌握一定的学习方法和思维策略,乐于主动探究。

兴趣广泛：热爱生活,喜爱阅读,积极参加文艺活动,兴趣广泛。

健康自信：热爱运动,有自己爱好的体育项目并坚持锻炼,健康自信。

为培养举止文雅、乐学善思、兴趣广泛、健康自信的少年,我们将各年段的课程目标确定为下表1。

表1　广州市黄埔区黄陂小学课程目标

	低年级	中年级	高年级
举止文雅	1. 基本养成良好的生活习惯,能保持自身衣着整洁、干净。 2. 学会值日,养成上下楼梯靠右行等基本的行为习惯。 3. 喜欢和老师、同学交往,有自己的好朋友。	1. 保持良好的生活习惯和行为习惯。 2. 举止文明,待人接物有礼貌。 3. 善于发现他人的优点。	1. 保持良好的生活习惯和行为习惯。 2. 文明有礼,与同学愉快交往。 3. 乐于倾听,学会分享,能与人平等交流、合作,学会欣赏他人。 4. 学习控制自己的情绪。
乐学善思	1. 热爱学习。 2. 基本养成良好的学习习惯。 3. 作息时间有规律。	1. 乐于学习,有探究欲。 2. 初步掌握一些学习方法和思维策略。 3. 能合理安排自己的作息时间。	1. 学习兴趣浓厚,有较强的探究欲。 2. 坚持自主学习、探索学习、合作学习、反思学习,掌握一定的学习方法和探究策略。 3. 能根据学习内容合理安排自己的学习活动。
兴趣广泛	1. 喜爱阅读,感受阅读的乐趣。 2. 对自然现象感兴趣。 3. 爱参加文艺活动(唱歌、绘画、书法等)。	1. 喜爱阅读,掌握一些阅读的方法。 2. 乐于探究自然现象。 3. 找到自己感兴趣的文艺活动,并坚持学习。	1. 喜爱阅读,并会在阅读中思考,与他人交流自己的阅读感受。 2. 乐于探究自然现象并寻找规律。 3. 掌握1—2项文艺活动(唱歌、绘画、书法等)技能,享受其中的乐趣并坚持学习。

以儿童为中心的课程
欢乐谷课程的旨趣与维度

	低年级	中年级	高年级
健康自信	1. 乐于参加体育运动,身体健康。 2. 学会广播体操,会做简单的体育游戏活动。 3. 知道在体育活动中要注意自我保护。	1. 热爱体育运动,健康自信。 2. 会做较复杂的体育活动。 3. 找到自己感兴趣的体育项目,并坚持学习。 4. 掌握一些运动中的自我保护方法。	1. 热爱体育运动,健壮、阳光。 2. 科学参与体育锻炼,学习和运用运动技能。 3. 掌握 1—2 项体育项目,并坚持锻炼。 4. 具有关注自身健康的意识,学习通过体育运动的方式发展体能、调控情绪。

三　课程体系:学校课程框架的基质

(一) 课程逻辑与结构

　　童味教育,就是要让孩子们的生活富有儿童味,让童年多姿多彩,让校园成为欢乐谷,舞动童心,鼓舞童年。我们的"欢乐谷课程"结构为:

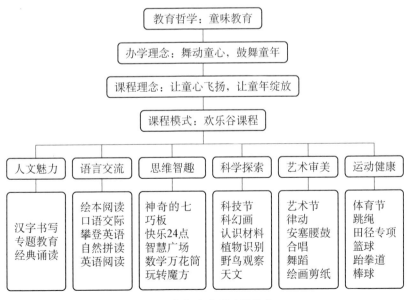

图 1　"欢乐谷课程"结构

（二）课程设置

1. 一年级课程设置

表2　广州市黄埔区黄陂小学一年级课程设置表

课程主题	课程安排		课程具体内容
人文魅力	上学期	入学教育	让一年级新生更快地适应小学生活,做到遵守《小学生日常行为规范》,遵守学校规章制度,掌握基本的学校生活常规。
		汉字书写	培养学生正确书写的姿势,学会运用"一拳一尺一寸"调整坐姿。掌握汉字基本笔画的书写方法,初步了解汉字基本的字形结构。
		少先队入队教育	向准备入队的新同学普及少先队基本知识和行为礼仪。
		礼仪教育	利用班队会对中华传统礼仪进行学习,使学生具备基本的礼仪修养。
		经典诵读	利用早午读的时间进行中华古诗文经典诵读,使学生从小热爱祖国传统文化。
	下学期	汉字书写	进一步巩固正确书写的姿势,了解汉字基本的字形结构。
		礼仪教育	利用班队会对中华传统礼仪进行学习,使学生具备基本的礼仪修养。
		经典诵读	利用早午读的时间进行中华古诗文经典诵读,促使学生从小热爱祖国传统文化。
		少先队入队教育	向准备入队的新同学普及少先队基本知识和行为礼仪。
语言交流	上学期	口语交际	掌握普通话,会用普通话开展简单的交流活动。
		攀登英语	攀登英语一级A、B。
		绘本阅读	阅读经典绘本,引领学生理解故事的内容。
	下学期	口语交际	掌握普通话,会用普通话进行交流活动。
		自然拼读	利用各种教学手段让学生学习26个字母的音和形。
		攀登英语	攀登英语一级A、B。
思维智趣	上学期	搭积木	进一步加深对长方体、正方体、圆柱、球等立体图形特征的认识,获得对简单几何的直观体验,初步建立空间观念。
		规律之美	探寻数学里面有趣的规律,如数字的规律、图形的规律、计算方法的规律等。
	下学期	剪一剪、拼一拼、画一画	1.进一步巩固各种平面图形的形状、名称和特点,能正确辨认和区别这几种图形。2.培养学生的独立操作能力、抽象概括能力。3.发展对数学学习的浓厚兴趣。

课程主题	课程安排		课程具体内容
		神奇的七巧板	认识七巧板中每块板的形状,会用七巧板拼出各种图形。
		小小售货员	1. 通过角色扮演,增加学生的学习兴趣。2. 巩固 20 以内的加减法。3. 加深对人民币的认识。
科学探索	上学期	科幻画	运用绘画语言表达出对宇宙万物、未来人类社会生活、社会发展、科学技术的遐想。
	下学期	科学观察和分类活动(认识材料)	认识身边常见的材料并能进行简单分类。
艺术审美	上学期	安塞腰鼓	培养学生艺术修养,增强学生身体素质。学习基本动作。
		剪纸	剪贴画游戏、泥塑动物、简单纸手工比赛。
		律动	乐理常识、基本节拍、认识课堂打击乐种类、正确使用打击乐器。
	下学期	安塞腰鼓	培养学生艺术修养,增强学生身体素质。学习基本动作。
		合唱(1)	帮助学生建立正确的音高。
		舞蹈(1)	基本功练习。
		艺术节	"六一"文艺汇演。
运动健康	上学期	体育节	校运动会。
		跳绳	跳绳基本动作及技巧。
		田径专项课程	1. 田径理论知识学习。2. 训练纪律要求。3. 身体素质训练和速度训练。
	下学期	跳绳	熟练跳绳基本动作及技巧。
		田径专项课程	1. 田径理论知识学习。2. 训练纪律要求。3. 身体素质训练和速度训练。

2. 二年级课程设置

表 3 广州市黄埔区黄陂小学二年级课程设置表

课程主题	课程安排		课程具体内容
人文魅力	上学期	汉字书写	培养并巩固学生规范的写字姿势,掌握基本的笔画。
		经典诵读	利用早午读的时间进行中华古诗文经典诵读,促使学生从小热爱祖国传统文化。
		生活教育	利用班队会进行安全、法治、环保等教育。

课程主题	课程安排		课程具体内容
	下学期	汉字书写	进一步培养并巩固学生规范的写字姿势,掌握基本的笔画。
		经典诵读	利用早午读的时间进行中华古诗文经典诵读,促使学生从小热爱祖国传统文化。
		动感歌谣	学习经典英文童谣,吟唱英文歌谣。
		生活教育	利用班队会进行基本的安全、环保等教育。
语言交流	上学期	自然拼读	了解自然拼读的音节、重音及拼读。
		口语交际	掌握普通话,会用普通话开展交流活动。
	下学期	绘本阅读	阅读经典绘本,引领学生理解故事的内容。
		攀登英语	攀登英语二级 A、B。
思维智趣	上学期	观察物体	从不同角度观察物体形状,体会局部与整体的关系,培养学生空间想象能力,发展空间观念。
		神奇的七巧板	认识七巧板中每块板的形状,会用七巧板拼出各种图形。
	下学期	剪一剪	1.通过动手剪一剪,剪出有规律的图形,培养动手实践能力。2.结合剪出的图形,加深对图形的平移和旋转的认识。3.在探索规律的过程中,培养初步的形象思维能力和逻辑思维能力。
		小小侦探	1.经历简单推理的过程,初步获得一些简单推理的经验。2.培养初步的观察、分析及推理能力。3.体会数学思想方法在生活中的运用,激发学好数学的信心和探索数学的兴趣。
		简单的数独	1.通过观察、猜测、实验、推理的活动,利用表格运用排除法进行推理判断,培养初步的逻辑推理能力。2.会运用规律解决一些实际问题,激发创造思维。
科学探索	上学期	科幻画比赛	运用绘画语言表达出对宇宙万物、未来人类社会生活、社会发展、科学技术的遐想。
	下学期	科学观察和分类活动(植物)	认识校园大树以及常见开花植物,尝试以一定的标准进行简单分类。
艺术审美	上学期	安塞腰鼓	培养学生艺术修养,增强学生身体素质。学习基本动作。
		剪纸	剪贴画游戏、泥塑动物、简单纸手工比赛。
		律动	乐理常识、基本节拍,认识课堂打击乐种类、正确使用打击乐器。
	下学期	艺术节	"六一"文艺汇演。
		安塞腰鼓	培养学生艺术修养,增强学生身体素质。学习基本动作。
		合唱(2)	学生建立多声部音乐感知。
		舞蹈(2)	基本功练习及小作品的涉猎学习。

课程主题	课程安排		课程具体内容
运动健康	上学期	体育节	校运动会。
		蹦床	身体姿态学习,身体素质锻炼。
		田径专项课程	1. 田径理论知识学习。2. 训练纪律要求。3. 身体素质训练、反应训练、力量训练。
	下学期	篮球	掌握篮球的基本知识、技能。
		足球	基本的步伐、规则,培养学生对足球运动的兴趣。
		田径专项课程	1. 田径理论知识学习。2. 训练纪律要求。3. 身体素质训练、反应训练、力量训练。

3. 三年级课程设置

表 4　广州市黄埔区黄陂小学三年级课程设置表

课程主题	课程安排		课程具体内容
人文魅力	上学期	妙语连珠	积累常用的成语,开展成语大比拼活动。
		生命教育	了解生命的起源,进行珍惜生命、热爱生命教育。
		汉字书写	掌握汉字基本的笔画,有针对地进行临摹、仿写。
		经典诵读	利用早午读的时间进行中华古诗文经典诵读,使学生从小热爱祖国传统文化(《古诗词 75 首》)。
	下学期	传统节日教育	利用班队会进行传统节日教育,讲解节日的来历及习俗。
		汉字书写	在掌握汉字基本的笔画上,有针对地进行临摹、仿写。
		经典诵读	利用早午读的时间进行中华古诗文经典诵读,使学生从小热爱祖国传统文化(《古诗词 75 首》)。
		生命教育	了解生命的起源,进行珍惜生命、热爱生命教育。
语言交流	上学期	自然拼读	总结归纳有规律的相关规则,提高阅读新单词的速度。
		成语故事	开展阅读成语故事活动,了解成语意思。
		单词直呼比赛	英语单词直呼比赛。
	下学期	口语交际	掌握普通话,会用普通话开展交流活动。
		简单绘本	初步用英语进行简单的绘本故事交流。
思维智趣	上学期	数学大观园	数学名家故事,制作数学手抄报。
		快乐 24 点	24 点游戏的来历及规则介绍、基础篇。

课程主题	课程安排		课程具体内容
	下学期	制作活动日历	1.通过自主探索和交流,综合运用年月日的知识解决问题,积累数学活动经验。2.培养有条理思考问题和解决问题的能力,积累数学活动的经验。
		搭配	1.经历寻找稍复杂事物排列数或组合数的过程,掌握简单搭配的方法,发展有序、全面思考的能力。2.探索解决问题的有效策略,感受数学在生活中的广泛应用,增强学习数学的兴趣。
		智慧广场——数字谜	1.结合具体情境,体会算式谜的特点,掌握算式谜的解决方法,并能综合运用所学计算知识和列举等方法解决问题。2.在经历分析、推理、列举、验证等一系列活动的过程中,体会有序思考、合情推理的价值和特点,进一步发展思维条理性和严谨性,培养学生的推理能力。
科学探索	上学期	植物识别	认识校园植物,掌握简单识别方法。
		体验植物的生命周期	种植物(常见种子)。
	下学期	体验动物的生命周期	养蚕。
艺术审美	上学期	绘画	让学生了解简单的绘画知识。
		律动	乐理常识、基本节拍,认识课堂打击乐种类、正确使用打击乐器。
		安塞腰鼓	培养学生艺术修养,增强学生身体素质。学习基本动作。
	下学期	艺术节	"六一"文艺汇演。
		安塞腰鼓	培养学生艺术修养,增强学生身体素质。学习基本动作。
		合唱(3)	全方位学习合唱知识,并参加合唱比赛。
		舞蹈(3)	全面学习各类舞蹈,并参加舞蹈比赛。
运动健康	上学期	田径专项课程	身体素质训练、速度训练、反应训练。
		篮球	熟练地进行运球、传球等。
		蹦床	基本技巧练习。
	下学期	体育节	校运动会。
		足球	足球技能的训练。
		棒球	熟悉球性,传接球基本动作学习。
		跆拳道	掌握基本腿法、步伐等基本功。
		田径专项课程	身体素质训练、速度训练、反应训练。

4. 四年级课程设置

表 5　广州市黄埔区黄陂小学四年级课程设置表

课程主题	课程安排		课程具体内容
人文魅力	上学期	汉字书写	掌握汉字基本笔画,有针对地进行临摹、仿写。
		生命教育	了解生命的起源,进行珍惜生命、热爱生命教育。
		经典诵读	利用早午读的时间进行中华古诗文经典诵读,使学生从小热爱祖国传统文化(《声律启蒙》)。
	下学期	感恩教育	利用班队会时间进行感恩教育,学会感恩。
		汉字书写	在掌握汉字基本的笔画上,有针对地进行临摹、仿写。
		经典诵读	利用早午读的时间进行中华古诗文经典诵读,使学生从小热爱祖国传统文化(《声律启蒙》)。
语言交流	上学期	名人故事	阅读名人故事,开展讲名人故事活动。
		口语交际	掌握普通话,会用普通话开展交流活动。
		英语课本剧比赛	进一步加深对课文内容的理解,培养学生学习英语的兴趣。
	下学期	英语课本剧比赛	进一步加深对课文内容的理解,培养学生表演的兴趣。
		英语话剧	提高学生学习英语的兴趣,丰富学生英语活动。
思维智趣	上学期	数学万花筒	数学家故事,小统计家等。
		数学日记	通过写数学日记,激发学生学习数学的兴趣。
	下学期	快乐24点	24点游戏的来历及规则介绍、提高篇。
		数学万花筒	平面几何的变换、调查统计、鸡兔同笼问题等。
科学探索	上学期	科幻画比赛	运用绘画语言表达对宇宙万物、未来人类社会生活、社会发展、科学技术的遐想。
	下学期	电脑绘画	初步掌握电脑绘画的基础知识。
		野鸟观察	掌握野鸟观察初级技能,简单辨认身边的鸟种。
		电脑打字	初步掌握电脑打字的几种方法。
艺术审美	上学期	竖笛(1)	学习竖笛基础知识,培养学生对器乐的热爱,建立学生对固定音高的认知能力。
		绘画	重视基础训练,运用多种材料和工具进行绘画。
		安塞腰鼓	培养学生艺术修养,增强身体素质。学习基本动作。
	下学期	艺术节	"六一"文艺汇演。
		安塞腰鼓	培养学生艺术修养,增强学生身体素质。学习基本动作。
		合唱(4)	全方位学习合唱知识,并参加合唱比赛。

课程主题	课程安排		课程具体内容
	舞蹈(4)		全面学习各类舞蹈,并参加舞蹈比赛。
	竖笛(1)		学习竖笛基础知识,培养学生对器乐的热爱,建立学生对固定音高的认知能力。
运动健康	上学期	田径专项课程	身体素质训练、速度训练。
		跆拳道	加强踢靶的训练。
		曲棍球	了解曲棍球的基本知识,掌握基本技能。
	下学期	体育节	校运动会。
		棒球	击球、投球、防守练习。
		足球	战术、技术学习,以赛代练。
		田径专项课程	身体素质训练、速度训练。

5. 五年级课程设置

表6　广州市黄埔区黄陂小学五年级课程设置表

课程主题	课程安排		课程具体内容
人文魅力	上学期	汉字书写	培养并巩固学生规范的写字姿势,掌握基本的笔画。
		经典诵读	利用早午读的时间进行中华古诗文经典诵读,促使学生从小热爱祖国传统文化(《千字文》)。
		美德教育	利用班队会对学生进行中华民族的传统美德教育(诚实守信等)。
	下学期	经典诵读	利用早午读的时间进行中华古诗文经典诵读,促使学生从小热爱祖国传统文化(《千字文》)。
		儿童诗阅读	儿童诗欣赏创作。
		生态教育	进行生态教育,激发学生爱国、爱校、爱家的情怀。
		汉字书写	培养并巩固学生规范的写字姿势,掌握基本的笔画。
语言交流	上学期	最强记忆	5分钟内谁记住的英语单词最多。
		口语交际	掌握普通话,会用普通话开展交流活动。
		名著欣赏	通过名著欣赏,积累好词好句。
		英语课本剧比赛	加深对课文内容的理解,提高学生表演的能力。
	下学期	英语报阅读	提高阅读理解的能力。
		英语小故事比赛	提高学生演讲的能力。

课程主题	课程安排		课程具体内容
思维智趣	上学期	巧用数学	小数点计算营,用方程解决问题等。
	下学期	生活中的数学	运用数学知识解决与生活相关的数学问题。
		玩转魔方	魔术概况、魔方的类型和形式、魔方的基本玩法。
科学探索	上学期	科技节	科幻画比赛,运用绘画语言表达对宇宙万物、未来人类社会生活、社会发展、科学技术的遐想。
	下学期	无线电测向	熟悉电台信号,正确使用测向机,规范技术动作。
		天文	天文理论知识,简单星座辨认,天文望远镜拆装。
		电脑打字	有一定的打字速度。
艺术审美	上学期	绘画	线条训练。
		律动	乐理常识、基本节拍、认识课堂打击乐种类,正确使用打击乐器。
		安塞腰鼓	培养学生艺术修养,增强学生身体素质。学习基本动作。
	下学期	艺术节	"六一"文艺汇演。
		安塞腰鼓	培养学生艺术修养,增强学生身体素质。学习基本动作。
		合唱(5)	全方位学习合唱知识,并承担合唱比赛任务。
		竖笛(2)	学习中外音乐小曲,掌握不同音乐旋律的吹奏方法。
运动健康	上学期	体育节	运动会。
		田径专项课程	身体素质训练、速度训练、专项训练。
		跆拳道	安排腿法步伐的组合训练。
		棒球	跑垒练习、比赛。
	下学期	曲棍球	提高个人的传接球能力,加大传接速度。
		田径专项课程	身体素质训练、速度训练、专项训练。

6. 六年级课程设置

表 7　广州市黄埔区黄陂小学六年级课程设置表

课程主题	课程安排		课程具体内容
人文魅力	上学期	汉字书写	培养并巩固学生规范的写字姿势,掌握基本的笔画。
		生活教育	利用班队会进行安全、法制、环保等教育。

课程主题	课程安排		课程具体内容
	下学期	经典诵读	利用早午读的时间进行中华古诗文经典诵读,使学生从小热爱祖国传统文化(《道德经》)。
		生态教育	进行生态教育,激发学生爱国、爱校、爱家。
		汉字书写	培养并巩固学生规范的写字姿势,掌握基本的笔画。
		经典诵读	利用早午读的时间进行中华古诗文经典诵读,使学生从小热爱祖国传统文化(《道德经》)。
		口语交际	掌握普通话,会用普通话开展交流活动。
		毕业典礼	展示学生六年的学习生活,进行理想与感恩教育。
语言交流	上学期	手抄报比赛	手抄报比赛。
	下学期	名著欣赏	开展"走进名篇"、"欣赏名篇"的阅读活动。
		英语报阅读	开展英文报阅读活动,培养英语阅读能力。
思维智趣	上学期	玩转魔方	魔方概况、魔方的类型和形式、魔方的基本玩法。
		生活中的数学	1. 鸽巢问题。2. 生活中的百分数。
	下学期	数学思维	1. 合理运用运算定律,掌握计算中的一些技巧。2. 灵活运用知识解决有关分率与百分率的实际问题。3. 工程问题、行程问题。
科学探索	上学期	科幻画比赛	运用绘画语言表达对宇宙万物、未来人类社会生活、社会发展、科学技术的遐想。
	下学期	无线电测向	测向技能进阶,举行校园竞赛,提高学生对校园方位的熟悉程度,增强学生体能。
		天文	天文望远镜拆装,天文观测技能,星座辨认。
艺术审美	上学期	安塞腰鼓	培养学生艺术修养,增强学生身体素质。学习基本动作。
		绘画	国画、水彩画等训练。
		律动	乐理常识、基本节拍,认识打击乐种类,正确使用打击乐器。
	下学期	艺术节	"六一"文艺汇演。
		安塞腰鼓	培养学生艺术修养,增强学生身体素质。学习基本动作。
		竖笛(3)	学习中外音乐小曲,掌握不同音乐旋律的吹奏方法。
运动健康	上学期	体育节	校运动会。
		棒球	综合练习。
	下学期	田径专项课程	速度、耐力等专项训练。

四 课程实施：学校课程框架的推进

我校从学科基础课程、拓展延伸课程、专题聚焦课程、节庆仪式课程等维度来推进学校课程实施。

（一）构建"童趣课堂"，落实学科基础课程

1. "童趣课堂"的操作

课程实施的基本途径是课堂教学。优化课堂教学的关键是要构建适合学校实际、适应学生全面发展的课堂形态，核心是要能够激发儿童学习的内在动力。我们积极倡导这样的"童趣课堂"。

教学目标：饱满。教学目标聚焦儿童成长与发展，倡导课堂教学要实现多维目标：知识与能力，过程与方法，情感、态度与价值观。在国家课程目标和学校童味教育理念的指导下，学校突出"完善人格品质"和"学会生活"的课程目标。

教学内容：丰富。不拘泥于教材，努力使知识内容的表现形式游戏化、活动化。将国家课程和校本课程整合成人文魅力、语言交流、思维智趣、科学探索、艺术审美、运动健康6大块教学内容。根据6大块教学内容的特点和差异，将课程内容生活化、童味化，生活即教育，童味即兴趣，使课程内容更加贴近生活，充满童味。

教学过程：活泼。学生积极参与学习活动，享受智力活动的乐趣，学会思考。童味教育的根本就是让学生在学习中获得童趣，教学中要尊重孩子在课堂中的主体地位，培养学生积极思考的习惯。

教学方法：灵动。教学方法灵活。贴近儿童的生活，能激发儿童的学习兴趣。

教学评价：多元。采取多种方法鼓励孩子，进行发展性评价，如大拇指评价、积分制评价、竞赛性评价、游戏性评价、奖励性评价等。

教学文化：童趣。乐学会学，激发儿童学习的兴趣，让学生乐于学习，学会学

习。以学生为主体,课堂气氛和谐民主。尊重差异,分类指导,教学目标因人而异。

2."童趣课堂"的评价表

教师姓名		性别		年龄		上课时间		年　月　日			
课题							年级		学科		
评价项目	分值		评 价 要 点					评价等级			小计
								A	B	C	D	
教学文化童趣	10	课堂教学中融入"童味教育"的思想,教学过程中把握"乐学会学"的教学理念						10	8	6	4	
教学目标饱满	20	课标与教材把握准确,切合学生实际						4	3	2	1	
		体现认知、技能和情感的有机结合						4	3	2	1	
		培养学生良好的学习习惯						4	3	2	1	
		不同的学生实现不同的发展						4	3	2	1	
		知识、能力、情感态度价值观等多维教学目标的实现						4	3	2	1	
教学内容丰富	12	关注学科基础知识,同时挖掘学科知识的趣味性						4	3	2	1	
		联系现实生活、学生经验,注意实际应用						4	3	2	1	
		注意教材内容的整合						4	3	2	1	
教学过程活泼	30	创设富有童趣的教学情景,营造生动活泼的课堂氛围						6	5	4	3	
		注意学生在教师引领下对知识的自主建构性						6	5	4	3	
		关注课堂教学的情感性						6	5	4	3	
		尊重小学生身心发展的阶段性规律						4	3	2	1	
		师生积极有效互动,学生在教师的引导下自主、合作、探究学习						4	3	2	1	
		课堂成为学生活跃思想、交流情感、展示自我的乐园						4	3	2	1	
教学方法灵动	20	注重趣味教学,调动多种感官进行学习,激发学生学习的兴趣						4	3	2	1	
		面向全体学生,关注个性发展						4	3	2	1	
		能调动学生参与、合作、探究、体验,发挥学生的主动性						4	3	2	1	
		教学语言生动活泼,板书设计呈现富有逻辑性						4	3	2	1	
		娴熟使用现代教育技术和制作教具,呈现多姿多彩的课堂						4	3	2	1	
		掌握学科教学基本技能,教学组织形式灵活多样						4	3	2	1	

评价项目	分值	评价要点	评价等级				小计
			A	B	C	D	
教学评价多元	8	教学评价形式丰富多元	4	3	2	1	
		教学评价能有效激励学生积极学习	4	3	2	1	
评价意见					总分		

(二) 建设"特色学科"，推进拓展延伸课程

1."特色学科"建设路径

国家课程计划主要是通过分科教学达成培养目标的。如何促进学生深入学习，提高学科教学质量呢？根据学科核心教学内容和要求，开设"1＋X"学科拓展延伸课程，建设特色学科，是行之有效的方法。"1"是指整合后的国家基础性课程。"X"是指基于国家基础性课程而开发出适合学生需要的拓展性课程。这样，既达成国家课程的基本目标，又让学生有拓展提升，两者相互促进，相辅相成，共同达成学校的课程目标，形成特色学科。

一般围绕一个核心学科，可以在不同年级段开设多个拓展延伸课程，形成课程群，如围绕语文学科可以开设书法、美文诵读、诗词赏析等多个校本课程。这些拓展延伸课程可以是连续性的，可以在各个年级段都开设，相互衔接。也可以独立，根据需要只在一个年级段开设。

学科拓展延伸课程一般由学科组统筹，经过整体规划论证后，由各年级备课组具体负责，分工合作，完成课程的开发。也可由教师个人根据本班学生的教学实际，提出申请，经学校课程领导小组组织相关人员论证后，自行设计，开发校本课程并实施。学校拓展延伸课程可以根据需要编写教材，也可以教案的形式呈现。

2."特色学科"的评价标准

学科拓展延伸课程可以从以下几个方面进行评价。

（1）对课程目标进行评价。一看课程目标是否明确、清晰。二看是否符合学科特点，遵循学科的逻辑顺序。三看是否符合学生的年龄特点，促进了学生的个

性发展。

（2）对教学资源进行评价。一看课程资源是否丰富，是否充分利用了学校的资源和社会资源；二看对教学资源整合是否有效，对资源的教学法加工是否合理，是否符合学科特点和学生的实际。编写了教材的，要看教材编写是否生动有趣，是否符合学生的发展要求；编制了教案的，要看教案教学目标是否合理，教学策略是否有效，教学流程是否清晰，具有可操作性。

（3）对实施过程进行评价。一看教学过程是否生动有趣，学生是否乐于参与，积极参与；二看学生是否深度参与，是否动手实践动口表达，动脑思考，是否掌握了学习的主动权；三看师生互动，教师能否通过有效评价促进学生的正确认识自我，积极参与。

（4）对实施效果进行评价。一是看是否促进了学生的发展，学会了主动学习；二是看是否增强了学习兴趣，提高了学习积极性。

（三）做活"课程整合"，推进专题聚焦课程

1. "课程整合"的主题运作

学生在现实生活中会遇到各种各样的问题，这些问题的解决，并不是依靠某一学科的知识就能完成，而需要对多个学科的知识进行整合，这样就需要开发专题聚焦课程。学科知识与生活的整合，强调课程内容与社会和科技发展以及学生生活的适应性。将学科知识和学生生活整合，把人与自然、人与社会、人与文化、人与自我等作为选择和组织课程内容的主题，引导学生对自然、社会、自我进行深层次的反思。学科知识与生活的整合主要是通过活动展开的。如开设生命教育、环境保护、安全自护、乡土文化、传统文化等专题教育。

主题设置：

（1）认知类

我的校园我守护。对学校有全面的认识，从环境到结构、场室，认识校园植物，可以开展校园小动物专题，如"小小蜗牛"；爱护校园环境卫生，做校园环保小卫士，装扮校园好建议。

传统节日知多少。全面认识中国传统节日，了解节日的来龙去脉，展开相应

的节日活动,使优秀的节日传统得以传承。

我的家乡最特别。以自己的小家为核心,辐射整个广东地区,加强对区域特色的认识,对广东山水民俗的调查传承。强调"家"的概念,"乡"的情怀。

万物生长。感知大自然的生命形成、生命的状态,感悟生命的力量,认识人作为"万物的灵长",生命的可贵,珍惜生命,保护生命。如"植树节"、"放生"等。

我是优秀好少年。从品德修养,行为养成等方面,培养优秀少先队员,并以此展开相应的专题教育:如:遵纪守法、勤俭节约、认真负责、团结互助、感恩等。

走遍天下书为侣。倡导读书,爱读书,会读书,勤思考,多探究。

(2)体验类

寻找四季脚步。从大自然中去感知四季,通过摄影、绘画、语言等形式,找出眼中的四季形态。

我在旅行途中。读万卷书,行万里路,鼓励学生多去接触大自然,认真体验每一次的旅行,感悟旅行的意义。在旅行中,听见世界;在旅行中,看见世界;在旅行中,说说世界。

穿越时空隧道。以广州史志和博物馆为依托,鼓励学生理解广州深厚的历史文化意蕴,从文字、建筑、工艺品、技术等当中去收获历史的沉淀。

行行出状元。让学生认识不同的职业,并且扮演不同的职业,体会职业无高低贵贱,体验爱岗敬业。特别开展安全教育,并且可做"我是交通指挥员"的小专题形式,让学生对交通安全有更深刻的认识。可以请不同职业的家长来介绍不同的职业,或者介绍不同产品的工艺流程。或者学会理财的小专题形式,加深对金钱的认识。

今天我当家。重在让学生体验孤独,学会独立,融入社区,融入社会。

我的童年不毕业。回顾童年生涯,憧憬新生活。

(3)创新类

玩具大作战。自己动手做玩具,或者改装玩具,创造新玩具,新玩法。

纸上谈"兵"。加强对"纸"的认识,学会用纸,多种创新法玩转纸艺。

变废为宝。开发家用闲置或废弃物品的二次应用,提升环保意识,提倡低碳生活。

我是小小发明家。认识现代先进科学技术,开动脑筋,创造发明。

2. 专题聚焦课程的评价

专题聚焦课程可以从以下几个方面进行评价：

（1）主题是否合适。一是看主题内容是否符合学生发展的需要，是否解决了学生当前面临的问题；二是看主题是否符合社会发展的需要，拓宽了学生的视野，使学生关注时代的发展方向。

（2）教学过程是否落实。专题聚焦课程的学习空间往往是开放的，除了文本的阅读与学习，往往更注重调查研究、动手操作、亲身实践。对专题聚焦课程的评价要更关注对学生调查研究方案的设计与指导，对动手操作后的思考与总结，对亲身实践后的体验与领悟。

（3）对实施效果进行评价。对专题聚焦课程效果的评价，一看是否拓宽了学生的视野，是否学习和研究的兴趣得到了增强；二看学生的行为是否得到了转变，是否情感和意识得到了强化。三看学生的动手实践能力是否得到了增强。

（四）搭建"童心舞台"，推进兴趣爱好课程

1. "童心舞台"的类型

为学生提供展现自我的"童心舞台"，促进学生积极参与各种活动，并产生榜样作用和示范效应。"童心舞台"的类型主要有：

（1）课程嘉年华

通过组织活动，集中展示学生的学习成果，如艺术节、体育节、读书节、英语节以及腰鼓大赛等各类赛事活动。

（2）节日活动

传统节日，主要有春节、元宵节、清明节、端午节、中秋节、重阳节等。现代节日，主要有国庆节、建党节、建军节、儿童节、植树节、教师节、妇女节等。通过各类节日引导学生综合运用自己所学的知识，开展力所能及的活动，为学生提供展现自我的舞台，传承传统文化，增强民族自豪感，激发爱国热情和责任感。

（3）仪式教育

主要有升旗仪式、开（散）学典礼、入队仪式等。通过庄重、严肃的仪式活动，激发学生的神圣感和爱国之情。

（4）社团活动

整合校内外教育资源，创造良好的外部条件，培养学生良好的心理素质，发展学生的个性特长，促进学生身心健康、全面发展。以体育运动为主的活动社团，包括跆拳道社团、曲棍球社团、足球社团等。根据学生爱好组成舞蹈社团、合唱社团、啦啦队社团、朗诵社团，以及科学探究社团、自然拼读社团等。

2."童心舞台"的评价要求

（1）对活动本身进行评价。一是看活动目标是否明确具体，计划是否科学、合理且可行。活动之前是否有可操作的方案，各项准备工作是否到位，人员安排是否落实。二是看活动是否有序开展，是否完成预期的任务，是否有文本记载和音像资料。三是看活动之后是否有总结反思，能否为今后的活动开展提供好的意见和建议。

（2）对学生进行评价。一是看学生的参与程度，学生是否动手、动口、动脑，深度参与，有体验、有感悟、有成果；二是看成果是否丰富，让学生收集自己参与活动的资料，展示自己的作品，如办的手抄报、写的日记、获得的奖品、成果以及图片资料等；三是对活动欢迎程度进行评价，是否符合学生的需求，可以采用访谈、书面调查等形式对学生的参与程度、课程内容和形式进行有效评价。

我们要办一所富有儿童味的学校，就是要舞动童心，鼓舞童年，让童心飞扬，让童年绽放，陪伴孩子们幸福成长。这一教育价值取向，应成为学校教育教学活动的基本要求，落实到学校课程开发、实施、评价过程中去。为保障"欢乐谷"课程的有效开发和顺利实施，学校成立校本课程开发建设领导小组。校长为组长，分管副校长为副组长，教导处及学科组长为成员，负责校本课程的整体规划、开发、与实施。教导处为校本课程建设的常规管理机构，做好日常工作的管理、协调和评价。全体教师都是校本课程的开发建设者，都有义务结合自己的工作实际开发校本课程，推动"欢乐谷"课程建设，给孩子一个欢乐的童年。

第一章

人文是生命中最温暖的光

人是万物的尺度，人文的核心是人，尊重人，关心人，温暖人。人文是凌晨的启明星，从远古洪荒走来，引领人类在黑暗中寻找光明；人文是智慧的光芒，穿透野蛮和愚昧，引领人类在曲折中前进；人文是寒夜里的光，驱散人性中最黑暗的部分……人文精神的熏陶，可以丰富儿童的情感，滋润儿童的心灵，温暖儿童的生命！

人文,即人类之文化。人类通过自身体力的、智力的活动,让世界万物刻上人类的烙印,赋万物以灵魂,于是,人类就成为万物的尺度:春夜的喜雨、相思的明月、别离的长亭、寂寞的羌笛……人类观照万物,实质是观照自己的内心。人文的核心是人:关心人,关心人的精神世界;理解人,理解人的精神存在;尊重人,尊重人的精神价值;温暖人,温暖人的精神生命。人文精神是凌晨的启明星,从远古洪荒走来,引领人类在黑暗中寻找光明;人文精神是智慧的光芒,穿透野蛮和愚昧,引领人类在曲折中前进;人文是长夜里的光亮,驱散人性中最黑暗的部分。它一如生命中最温暖的那道光,带给人类温暖,带给人类希望,带给人类精神生命,让人成为真正的人。

周国平说:"人文精神是教育的灵魂,没有人文精神,教育就没有灵魂。"优秀的人类历史文化成果通过知识传授、环境熏陶以及自身实践等教育活动可以内化为人格、气质、修养,成为人的相对稳定的内在品质,提升人文精神。人文精神引领我们如何做人,如何做事,如何处理人与自然、人与社会、人与人的关系以及自身的理性、情感、意志等方面的问题。人之为人,是因为人不仅谋生,还要谋道。你是否明辨是非美丑?你是从善还是向恶?你是否敬畏生命、敬畏自然?人文教育不是为了熟记一些固化的人文知识,而在于让我们获得一种信念,让我们具备一种分清是非善恶和美丑的判断力。只有具备了正确的价值观和行动力,人才称其为真正的"人",这也正是人文的魅力之所在。人文魅力课程所追求的,就是让学生明白"人之为人",成为真正的"人"!

义务教育阶段各学科的课程标准都从不同侧面提出了人文精神的培养要求,如《义务教育思想品德课程标准》提出要培养具有良好品德和行为习惯、乐于探究、热爱生活的儿童。《义务教育语文课程标准》指出,应培养学生爱国主义、集体主义、社会主义思想道德和健康的审美情趣,发展个性,培养创新精神和合作精神,逐步形成积极的人生态度和正确的世界观、价值观。综合各学科课程标准对人文素养的培养目标,结合学校实际,我们开发了"传统节日文化"、"客家文化"、"写方方正正中国字"、"礼仪教育"、"餐桌上的礼仪文化"、"好习惯成就一生"等人文魅力系列课程。这些课程涵盖了中华传统文化教育、行为规范教育、思想政治教育等内容,有利于学生形成良好的行为习惯,形成正确的价值观、人生观、世界观,发掘学生个体潜能,使学生建立起积极的、健康的人生态度。课程中既包含教学内容中传授的人文知识,又包含学习过程中特别重要的重意会、重感受、重知觉、重自悟的人文能力,还包括全面提升个人哲学、文学、历史、艺术等方面的人文修养,也包括在教学过程中应弘扬的关怀人、尊重人、欣赏人、提升人的人文精神,等等。培养学生的人文素养就是培养其远大的理想和崇高的道德风尚,积极健康的情感态度,典雅高尚的审美情趣,良好健全的个性人格,使学生的发展与社会的发展相适应、相协调。充分重视学生情感、态度、价值观的培养,使学生综合素质得以提高,为学生成才奠定坚实的基础。

人文魅力课程的实施,要注意这样几个方面的问题:一是正确认识教师的角色和作用。教师不仅是学生学习的支持者、合作者、指导者,还是人文精神的示范者。教师不仅要为学生创设适宜的活动环境,引导活动向正确方向发展,更为重要的是要以身作则、做好示范,做一个有人文魅力的引领者。二是以活动为教与学的基本形式,通过引导学生主动参与各类活动来进行教学。学生人文精神的养成重在通过自主活动养成,而不仅仅是知识的获得。教学应引导学生通过观察、调查、讨论、参观、访问、制作、种植、饲养、交流等多种方式进行深度学习,与环境互动、与同伴合作来获得对自然、社会与生活的亲身体验和感受,获得丰富的人文知识与体验,形成人文精神。三是立足中国优秀传统文化,挖掘意蕴,培养学生人文素养。中国传统文化源远流长,兼具文学美和思想美,意蕴丰富,是对学生进行人文教育的优质资源,也是培养和提升学生人文素养的好材料。丰富多彩的传统文化知识或揭示人生真谛、或反映生活现实、或歌颂美好情感、或鞭挞虚假丑恶,都潜移默化地影响着学生对现实的关注、对生活的体验和对世界的感受,能促进学生情感、态度和价值观的提升。

通过人文魅力课程学习,学生们的行为习惯、思想品德、学习态度、个人能力都有明显的提高,对人文课程也产生了浓厚的学习兴趣。在这些课程的学习中,学生亲身参与和合作交流成了学习活动必须经历的过程,极大地改善了学生的学习方式,使学习过程变得丰富多彩,促进学生自我学习能力、交流合作能力及创新能力的发展。

《周易》曰:"文明以止,人文也。"人类能够从茹毛饮血的丛林中走来,从漫漫长夜中走来,从远古洪荒中走来,是因为有了人文这个照亮精神生命的明灯。人文教育,也必将滋润儿童的心灵,丰满儿童的情感,丰富儿童的精神,温暖儿童的生命。

课程
1-1

传统节日文化

一、课程背景

　　节日是各民族日常生活的精华,展现了各民族文化中最具代表性的一面。中国历史悠久,孕育的节日活动多姿多彩,无一不是代代相传的文化财富。不同的节日形式虽然风格迥异,但都反映了民族的传统习惯、道德风尚和宗教观念,传承了先人的生活智慧,寄托着整个民族的憧憬,是千百年来一代代中华儿女在岁月长河中的欢乐盛会。

　　青少年学生是祖国的未来,应担负起继承传统、传承文明的重任,从传统节日中汲取文化营养,开拓创新,使传统文化发扬光大。学习、研究传统节日文化,开展丰富多彩的传统节日文化教育、宣传活动,挖掘传统节日文化的内涵,营造浓郁的传统文化教育氛围,能够让青少年不断接受传统文化熏陶,丰富学生的精神内涵,为青少年打下厚重的传统文化底蕴。

　　本课程的理念是:让传统节日文化走进校园。通过传统节日文化课程的学习,让学生了解传统节日民俗,学习节日文化,增强民族自豪感,自觉弘扬民族文化,传承民族精神。

二、课程目标

　　1. 了解中华传统节日的由来与传说、习俗、诗词文化,认识传统节日的文化内涵。

　　2. 参加各种传统节日活动,传承民族文化,提升审美能力。

三、课程内容

本课程主要传统节日的文化内涵,分为节日与习俗、节日与美食、节日与文学、节日与科学等 4 个模块。

模块一:节日与习俗

过节之前,引导学生上网查找、收集节日的由来及相关传说,了解中国各地传统节日文化。开展"节日与习俗"的综合性学习,让孩子们搜集每个传统节日的不同习俗,比较各地节日习俗,让传统变得有声有色,让民俗变得可亲可近,提高学生对本国传统节日的温情和敬意。

模块二:节日与美食

借助书籍、上网搜集资料等各种途径了解各大传统节日的美食,开展有关节日美食的活动,让学生分享自己家的节日美食,开展有趣的美食大会。可以在过节前开展"动手做传统美食"活动,在做和品尝的同时加深学生对传统节日美食的印象,让学生通过美食认识传统节日。

模块三:节日与文学

组织学生阅读古代小说、诗词、神话传说等文学作品,积累与节日有关的成语典故、趣联妙对、诗词名句、谚语、歇后语等,促进学生了解文学中的传统节日。开展"节日与文学"的诗词创作比赛,让孩子们在过传统节日的同时能够有感而发,更深切体会传统文化的魅力。

模块四:节日与科学

传统节日是根据农历二十四节气中的一些节令,结合民间文化,逐步固定形成的。二十四节气是通过观察太阳周年运动,认知一年中时令、气候、物候等方面变化规律所形成的知识体系,用于指导农业生产与生活,具有科学性。了解二十四节气与节日的关系,有助于学生了解节日与科学是息息相关的。

四、课程实施

本课程是以三年级学生为对象,要准备各种传统节日图片和实物资料。本课程共 15 课时,具体实施方法如下:

（一）文化熏陶法

学生自主查阅书籍了解中华传统节日,初步感受传统文化的魅力,在欣赏中感受传统文化的底蕴美。开展"节日与习俗"的综合性学习、有关"节日与文学"的诗词创作比赛、"动手做传统美食"等活动,在节日习俗、文学、饮食文化中感受传统节日文化的魅力。

（二）分组交流法

在综合性学习的教学过程中,以每名学生都能够参与课程为原则,把学生分成若干小组,从中挑选一名综合素质较高的组员为组长,针对不同综合性学习的目标,学生组内探讨发现传统节日的特点及知识,以小组为单位,分工合作,探讨传统节日的习俗和诗词文化。

（三）自主探索法

学生根据传统节日的生活情景提出问题,在老师的引导下发挥自己的主观能动性,有计划、有目的、有步骤地对传统节日文化进行研究与探索,得出结论。

五、课程评价

本课程坚持让学生成为评价的主体,促进学生认识自我、树立自信、反思和调控自己的学习过程。评价应注重方法的多样性和灵活性。教师应注意根据学生的年龄特征和学习风格的差异采取适当的评价方式。具体的评价方法如下:

（一）赛事性评价

举办"我的传统节日"的演讲比赛,根据表现评出奖项,注意正面评价的激励作用,对学生的表现给予肯定,建立自信心。通过现场的演讲比赛活动让学生在演讲中感受传统节日的魅力,在参与中体会其精彩与重要性。

（二）分享性评价

鼓励生生间交换传统节日美食作品,进行口头和书面评价,提高传统节日文化课程中生生交流的主动性和主体性,生生间互相学习,取长补短。在教师的引导下,提高学生运用传统节日文化知识进行鉴赏和评价的能力。

（三）展示性评价

教师向学生展示各种成果,对作品的创作者可起到激励和促进的作用,增强学生的自信心和动力。同时,该评价作为师生间交流的平台,有利于教师了解学生学习情况,及时调整教学内容和教学方法,相得益彰。

（撰稿：黄欣妮）

课程
1-2

写方方正正中国字

一、课程背景

中国书法是一门古老的汉字的书写艺术,从甲骨文、石鼓文、金文(钟鼎文)演变而为大篆、小篆、隶书,定型于东汉、魏、晋的草书、楷书、行书等,书法一直散发着艺术的魅力。中国书法是一种独特的视觉艺术,汉字是中国书法中的重要因素。以汉字为依托,是中国书法区别于其他种类书法的主要标志。

中国书法历史悠久,博大精深,不但有着鲜明的艺术性和广泛的实用性,而且蕴藏着丰富的德育因素。在教学中如果注重挖掘这些因素,对培养学生良好的道德情操,提高他们自身的知识水平会大有裨益。

本课程的理念是:写方方正正中国字,做堂堂正正中国人。开展写字教学,规范学生的书写习惯,不仅可以提高书写能力,还可以了解中华文化的内涵,感受汉字的魅力,陶冶审美情操,提高艺术修养,传承祖国的优秀文化。本课程的开展能增强每一个中国人的民族认同感,做一个堂堂正正的中国人。

二、课程目标

1. 掌握汉字的基本笔顺规则,了解间架结构,感受汉字形体美的魅力。

2. 逐步养成写字姿势正确和书写规范、端正、整洁的良好习惯,提高书写能力,传承祖国优秀传统文化。

三、课程内容

本课程主要内容是汉字的基本笔顺规则,分为先横后竖、先撇后捺、从上到下、左到右、从外到内、先里头后封口、先中间后两边等 7 个模块。通过多媒体图片或视频观察例字,了解相关汉字的演变发展过程和中华汉字文化的内涵。掌握同一类汉字的书写规律和技巧,并练习写字。

模块一:先横后竖

了解"先横后竖"的笔顺规则。如:十、干、土、王、丰、下……

模块二:先撇后捺

了解"先撇后捺"的笔顺规则。如:八、人、入、父、个、木……

模块三:从上到下

了解"从上到下"的笔顺规则。如:三、苗、全、空、花、笑……

模块四:从左到右

了解"从左到右"的笔顺规则。如:川、林、叶、请、洗、班……

模块五:从外到内

了解"从外到内"的笔顺规则。如:月、向、用、同、风、问……

模块六:先里头后封口

了解"先里头后封口"的笔顺规则。如:日、田、四、回、困、国……

模块七:先中间后两边

了解"先中间后两边"的笔顺规则。如:小、水、山、办、永、业……

四、课程实施

本课程以二年级学生为对象,需准备田字格练习纸和毛笔、墨水,共 14 课时。

本课程的实施遵循以下几个原则:一是趣味性原则。展示中华优秀传统文化中汉字的独特魅力,增强学生在认识汉字中的趣味体验。二是主动性原则。利用各种形式激发学生的兴趣,充分调动学生的积极性。

三是实践性原则。课内课外相结合,多渠道给予学生充分的练习展示机会。具体实施方法如下:

1. 展示学习法

中国书法是一种很独特的视觉艺术,一直散发着迷人的魅力,是在中国文化土壤中产生、发展起来的。课上通过多媒体图片或视频的展示,让学生了解中国汉字的演变发展过程,了解中华文化的内涵,感受汉字的魅力,激发学生的兴趣,增加趣味性。

2. 讲解示范法

中国书法历史悠久,博大精深,有着广泛的实用性。教师先讲解汉字书写的基本笔顺规则,提示书写技巧,并进行书写示范、演示。学生细心观察,跟着教师认真书空模仿,感受汉字的书写规律,掌握书写技巧。

3. 实践练习法

在配乐情境中,学生仿照教师的范例进行练习,举一反三,拓展同类笔顺规则的汉字进行书写练习。让学生通过自己的实践练习领悟书写的基本技法,规范书写习惯,提高书写能力。

4. 讨论分析法

学生通过实践练习,都有自己的心得体会,然后进行讨论分析,对他们的书写会有更大的促进作用。在课上开展分组讨论分析,相互提出建议和意见,教师加以点评,让学生及时改进,提高书写能力。

5. 交流分享法

每一份作品都有各自的特点,从中挑选作品进行评价交流,共同分享,不仅可以让学生掌握汉字本身,还可以感受汉字的魅力,陶冶审美情操,传承祖国的优秀文化。在教学中注重挖掘汉字蕴藏着的丰富德育因素,恰当地将其融合、渗透在其中,通过写方方正正中国字,增强民族认同感,做堂堂正正中国人。

五、课程评价

本课程以激励性的评价为主,具体方法如下:

（一）展示性评价

在教学过程中,注意收集学生的作品,集中进行展示交流,让学生相互进行评价。注意教给学生评价的方法,如可以从单个字的间架结构、书写流畅和整篇的布局等方面进行评价,要学会欣赏别人的优点,学习借鉴。必要时,还可以举办班级或个人书法展。

（二）积分性评价

在行为心理学中,人们把一个人的新习惯或理念的形成并得以巩固至少需要 21 天的现象,称之为"21 天效应"。这是说,一个人的动作或想法,如果重复 21 天就会变成一个习惯性的动作或想法。课中实行"21 天魅力写字"积分评价制度,每一模块学习后都进行持续 21 天不间断的强化练习,让这种练习成为习惯,并积累积分进行表彰。

（三）评选性评价

为鼓励学生再接再厉、持之以恒地进行书法练习,在完成每一个模块的课程后均进行"书法小达人"评选。"书法小达人"竞赛需现场书写,评选出优秀作品的作者为"书法小达人"称号,并进行优秀作品展示。完成全部课程后再进行"书法超人"评选,并进行优秀作品展示。

（撰稿：王玉凤）

课程
1-3

礼仪教育

一、课程背景

礼仪是一种待人接物的行为规范,也是交往的艺术,是以建立和谐关系为目的的各种符合交往要求的行为准则和规范的总和。重视礼仪是中华民族的传统美德,从古至今,源远流长。开展礼仪教育,教会儿童懂礼貌,讲理解,做文明人,不仅是做人的基本要求,也是一个人生存和与他人交往的基础。

"不学礼,无以立"。礼仪教育是德育工作的重要内容,让学生学习和掌握礼仪的基本知识和规范,不仅有利于学生与他人建立良好的人际关系,形成和谐的心理氛围,促进学生的身心健康,还能促进良好社会心理氛围的形成。因此,必须把礼仪教育放在德育工作中的首位。

本课程的理念是:学习礼仪,传承文明。中华民族是礼仪之邦,让儿童掌握基本的文明礼仪,不仅能够提升儿童的个人品德修养,促进健康成长,还有利于形成文明有礼的校园文化氛围,传承中华民族的传统美德。

二、课程目标

1. 学会与人相处、交往、合作的基本礼仪,弘扬中华民族优秀文化,继承优良传统美德。

2. 养成彬彬有礼的习惯,养成儒雅文明的气质,提升思想道德素养,促进人格的健全发展。

三、课程内容

本课程主要内容是礼仪知识学习与实践运用,分为校园礼仪、家庭礼仪和社会礼仪等 3 个模块。

模块一:校园礼仪

了解、掌握并使用校园礼仪,建立融洽的师生、生生关系,形成良好的校风校貌。通过学习,学生在校园里见到老师能主动问好,见到客人会微笑打招呼,见到同学要热情有礼。

模块二:家庭礼仪

了解、掌握并使用家庭礼仪,家庭成员和睦相处,享受温馨的家庭生活。学生在家里能做到尊敬家长,孝顺长辈,爱护兄弟姐妹。

模块三:社会礼仪

了解、掌握并使用社会礼仪,让学生更好地融入社会生活,处处受到欢迎,得到尊重,培养积极健康的人生态度。使学生懂得对人要以礼相待,主动帮助有需要的人,特别是要礼让老人和小孩。

四、课程实施

本课程是以全校学生为对象的,共 16 课时。具体实施方法如下:

(一)宣传教育法

利用宣传栏、板报、主题班会等广泛进行文明礼仪宣传。结合新修改颁布的《中小学生守则》、《小学生日常行为规范》等,对学生开展基本行为准则的宣传教育。编印《文明礼仪知识》,供各班开展礼仪教育活动使用。

(二)专题培训法

开办文明礼仪讲座,开展文明礼仪教学,集中进行教育培训,普及文明礼仪知识。通过学习,让学生掌握文明礼仪的基本知识,知晓在各种社会生活中的礼仪规范,并努力践行。

（三）学科渗透法

把文明礼仪教育作为必修内容，结合各学科知识内容教学进行渗透。根据学生特点，开展丰富多彩的主题教育和实践活动。

（四）以赛促学法

在专题教育培训的基础上，开展文明礼仪有奖知识竞赛活动，促进全体学生认真学习并践行文明礼仪知识。开展《身边的故事》文明礼仪征文评比活动，引导学生发现身边讲文明有礼仪的人和事，促进讲文明懂礼貌的社会风尚形成。

五、课程评价

本课程以激励性的评价为主，具体的方法如下：

（一）自我评价法

学生对照文明礼仪规范，对自己的行为进行评价，促进儿童自我反思、自我教育，内化礼仪规范，形成良好的礼仪习惯，开发潜能，发展个性特长，增强道德意识，促进健康成长，提高自身的综合素质。

（二）同伴互评法

组织学生开展相互评价，发现和学习他人的优点，指出他人的不足并引以为戒，让儿童在积极、友好、平等、民主的气氛中，愉快地接纳和认同评价的结果，从而使评价者和被评价者都能在这种互动的礼仪教育评价中受到教育，健康成长。

（三）集体评价法

组织全体学生投票进行"文明礼仪小使者"评选，对全体学生的文明礼仪表现进行集体评价，激励全体学生在生活中践行文明礼仪规范。

（撰稿：魏向锋）

走进四大传统节日

一、课程背景

中国的传统节日形式多样,内容丰富,是中华民族悠久历史文化的重要组成部分。传统节日的形成,是一个民族或国家的历史文化长期积淀凝聚的过程。春节、清明节、端午节、中秋节,这四大节日作为传统节日的代表,从其节日风俗中可以清晰地看到古代人们社会生活的精彩画面。在漫长的历史长河中,历代的文人雅士、诗人墨客,为这些节日谱写了许多千古名篇,这些诗文脍炙人口,被广为传颂,使我国的传统节日渗透出深厚的文化底蕴。

中华民族的传统节日,承载着信仰、祭祀、天文、地理、物候、术数、历法等人文与自然文化内容。走进春节、清明节、端午节、中秋节这四大传统节日,可以认识、了解汉民族丰富的社会生活,传承宝贵的精神文化遗产,增强民族的凝聚力和包容性,提高民族认同感和民族自信心。

本课程理念:走进传统节日,宏扬传统文化。本课程从形式多样的传统节日中选择影响深远的四个传统节日作为代表,从民俗与文化传承的角度介绍节日的由来与传说、相关的习俗与诗词等,促进民族传统文化的传承与发扬。

二、课程目标

1. 了解四大传统节日文化,适当积累与传统节日有关的古典诗词,感受中国优秀传统文化的魅力。

2. 在生活中由衷地喜爱、热心参与传统节日活动,享受节日带来的真切而又自然的快乐。

三、课程内容

本课程主要了解我国四大传统节日的民风民俗等，分春节、清明节、端午节和中秋节等4个模块。

模块一：春节——总把新桃换旧符

春节即农历新年，一年之岁首，是中华民族最隆重的传统节日，是孩子们最高兴的节日。春节是一个辞旧迎新、喜庆吉祥、爱惜万物，尊师敬老、和睦亲友的节日。学生要了解春节的由来、传说与民风民俗，背诵与春节有关的古诗词等。在此基础上，让学生结合实际，谈谈自己是怎么过春节的，从而理解不同地方不一样的春节风俗，在活动过程中发现新鲜事，有趣事，感受人们对美好生活的向往。

模块二：清明节——寒食东风御柳斜

清明节又叫踏青节，在仲春与暮春之交，是中国传统节日，也是最重要的祭祀节日之一，是祭祖和扫墓的日子。清明节是一个缅怀先人、文明祭扫的节日。学生要了解清明的由来、传说与习俗，阅读清明节有关的相关诗歌，体会诗人所表达的思想感情。可以组织踏青、扫墓等社会实践活动，引导学生缅怀先烈，树立正确的人生观、价值观，促进民族精神教育。

模块三：端午节——鼓声劈浪鸣千雷

农历五月初五是端午节，中国传统节日之一，又称"端阳节"、"午日节"等。端午节是一个关爱生命、激扬精神、眷念家国、健康生活的节日。学生要了解端午节的由来、传说与风俗习惯，背诵与端午节相关的诗歌。可以组织学生包粽子，观看赛龙舟，体验端午节的社会生活和节日内涵，使学生们在丰富的活动中树立健康的理念，快乐成长。

模块四：中秋节——但愿人长久，千里共婵娟

中秋节有悠久的历史，又称月夕、仲秋节、拜月节或团圆节，时在每年农历八月十五。中秋节是一个庆祝丰收、分享喜悦、庆贺团圆的节日。学生要了解中秋节的由来、传说与习俗，背诵中秋节诗词，开展制作

月饼和猜灯谜等实践活动。通过参与中秋节日活动,让学生体验关爱家人的情感,感受家园和睦的温馨之情,激发对美好生活的向往。

四、课程实施

本课程是以五、六年级学生为对象,需要准备节日诗词,搜集节日民风民俗等,共 12 课时。课程实施主要以听、说、讲解、欣赏、表演、竞赛活动展示等形式进行。具体方法如下:

(一)知识讲解法

知识讲解法是指通过教师的系统讲解,而使学生获得大量知识的教学方法。结合课程内容,教师向学生讲解四大传统节日的由来、传说与民风民俗等内容,让学生了解四大传统节日。

(二)欣赏表演法

欣赏表演法就是通过表演的形式对学生进行教学。每逢节日,各地都有各具特色的民族舞蹈,可以让学生通过演一演、唱一唱的方式,感受节日的浓厚气氛。还可以组织学生朗诵与节日相关的古诗词或表演节目。

(三)故事教学法

故事教学法,就是以故事的搜集、选择,故事的呈现、分析、评价为主要环节,组织、设计、开展的一种教学模式。故事教学法能够激发儿童对传统节日的学习兴趣,丰富传统节日的文化内涵。

(四)社会实践法

根据节日风俗组织学生参加相关活动,如清明节踏青、扫墓,中秋节制作月饼等活动,让学生更好地感受节日文化。在组织学生开展社会实践活动时,要注意活动的文化内涵,让学生提前收集相关资料,了解相关的知识背景,避免盲目游玩。

人文是生命中最温暖的光

五、课程评价

本课程评价将过程评价与成果评价相结合。包括学习过程中的态度评价、课堂交流过程中的主观能动性评价、学习成果的个性评价等。

（一）竞赛性评价

学习结束，组织一次"四大传统节日知多少"的知识竞赛活动，根据知识竞赛的结果，按等级制评为：A、B、C、D四个等级，并对优级者给予奖励。

（二）展示性评价

要求学生制作一份以四大传统节日为主题的手抄报，并组织评奖。与学生父母携手举办一次"四大传统节日食俗文化"课体验活动，展示学习成果。

（三）反思性评价

让学生根据本课程内容，结合自己的实际情况，写下对四大传统节日活动的认识，反思传统文化在生活中的价值，提高传承传统文化的自觉性。

（撰稿：张榕焕）

诵《论语》育君子

一、课程背景

《论语》是孔子及其弟子的语录结集,由孔子弟子及再传弟子编写而成。《论语》是儒家智慧的结晶,是我国传统文化重要的组成部分,是人类文化遗产中的一颗灿烂的明珠,古往今来皆被世人所重视。宋代的宰相赵普曾说:"半部《论语》治天下。"无数历史先贤从《论语》中汲取智慧,《论语》中的许多至理名言,我们至今仍然受益无穷。

《论语》的内容博大精深,不仅体现了孔子的政治主张,还反映了孔子的伦理思想、道德观念及教育原则等。从《论语》经典论述中选编出适合小学生的学习内容,挖掘《论语》的时代价值,可以对学生进行学习态度、学习方法、学习目的教育,规范其行为,砥砺其品格,使学生在文明礼貌、思想道德、言行举止、履行责任、待人接物等方面都受到良好的熏陶,成为有学问、有智慧、有内涵的谦谦少年君子。

本课程的理念是:吟咏诵读,涵养智慧。本课程重在让学生养成良好的诵读习惯,通过不断地吟咏诵读,让学生体会《论语》中所蕴含的精神价值,从传统文化中吸取优秀的营养,培养良好的文化素养和道德品质,学做谦谦少年君子。通过对《论语》的学习,推动学生继承和发扬传统文化精华,培养爱国主义情感,传播中华文明。

二、课程目标

1. 诵读《论语》,养成诵读的习惯,提升人文修养,增强对传统文化的认同感,形成深厚的民族情感。

2. 汲取《论语》的智慧,形成自己的思想、行为准则,思考人生价值和时代精神,增强使命感。

三、课程内容

本课程选取了《论语》中的部分经典论述,整合为六个方面的内容,即学习态度、为人处世、礼仪礼节、道德修养、德行才能、行为习惯等。

（一）学习态度

《论语》中有些内容是孔子对其弟子学习态度上的教育启发,如:"温故而知新,可以为师矣。""学而不思则罔,思而不学则殆。""人不知而不愠,不亦君子乎!"通过诵读,引导学生在学习上要多动脑筋,多思考,学会复习,从读书学习和各种活动中体味到无穷乐趣,不为身旁的小事而烦恼,激发积极向上的进取精神。

（2）为人处世

"岁寒,然后知松柏之后凋也。""季文子三思而后行。""不能正其身,如正人何?"《论语》中有许多蕴含着为人处世的哲学经典名句,我们期盼学生在吟咏诵读中,体会《论语》中蕴含的为人处世之道,学会严格要求自己,明白处事原则,把握处事分寸。

（三）礼仪礼节

中国自古以来便是礼仪之邦。"君使臣以礼,臣事君以忠。""今之孝者,是谓能养。至于犬马,皆能有养。""礼之用,和为贵。"《论语》中强调了"和"是一个人讲究礼仪的最基本内容,通过《论语》的诵读,培养学生基本的礼仪,教导学生对父母要尽孝,对兄弟要恭敬友善,对国家要忠诚。

（四）道德修养

《论语》中极力推崇"君子",如:"君子怀德,小人怀土;君子怀刑,小人怀惠。""饭疏食饮水,曲肱而枕之,乐亦在其中矣。""一箪食,一瓢饮,在陋巷,人不堪其忧,回也不改其乐。"这是鼓励人们要有高尚的道德修养。这一部分的内容,重在教育学生要做有理想、有志向的谦谦少年君子,不能只考虑个人利益的得与失,待人忠恕,以"仁"为本。能为了自己的理想,不断追求进步,即使面临困难也能自得其乐。

（五）德行才能

在孔子看来,一个人光有才能是不够的,最重要的是要具有德行,德才兼备方是良才。如:"晏平仲善与人交,久而敬之。""雍也,仁而不佞。""人之生也直,罔之生也幸而免。"通过学习《论语》中这样的守则,引导学生以德服人,与人为善,在生活中要有韧劲,刚柔相济,保存实力,才能应付自如。

（六）行为习惯

"性相近也,习相远也。"《论语》告诉我们,良好的行为习惯是可以习得的。"食不语,寝不言。""道听而涂说,德之弃也。""欲洁其身而乱大伦。"通过诵读《论语》使学生明白,良好习惯对人发展的重要作用,如做事专心,不受其他事物干扰,懂得事物的轻重缓急,不要因小失大,做有道德的人,不传播流言蜚语。

四、课程实施

本课程以五年级学生为实施对象,需要准备《论语》读本。具体实施方法如下:

（一）吟咏诵读法

根据本班实际情况,合理安排《论语》诵读的时间。如固定每周一、三、五组织学生进行《论语》晨读,每天诵读 15 分钟时间,共计约 45 分钟。在诵读方式上,可以采取学生齐读、师生共读、学生范读、男女赛读等多种形式,激发学生的诵读兴趣。在熟读的基础上,还应鼓励学生背诵积累,迁移运用。

（二）故事激趣法

结合《论语》具体内容,引入和《论语》相关的有趣故事,或者孔子及其弟子的事迹,让学生了解《论语》背后的史料,降低理解《论语》的难度,拓展知识面,激发学习《论语》的兴趣,提高文学素养。

（三）亲子共赏法

对于《论语》的学习，还可以从课堂延伸到家庭，学生和父母共同确定家庭《论语》的学习时间，比如临睡前，或利用周末的时间，和父母一起赏读《论语》。赏读时，学生可以把学过的故事讲给父母听，也可以和父母一起交流探讨对《论语》的理解，还可以和父母一起背诵经典名句，明理导行，增进亲子间的情感。

（四）行动实践法

诵读《论语》，要让学生理解其中蕴含的处事智慧，指导学生将理论运用于实践。在学习生活中，身体力行，用《论语》中的信条规范学生的行为。也可以开展一些相关的活动，比如"学孔识礼仪"等，模仿孔子及其优秀弟子的一些行为礼仪，学习《论语》的精华，将其中蕴含的智慧传承下去。

五、课程评价

本课程采用多元的评价方法，注重课程实施的过程和目标的达成，注重学生的内在收获和体验。具体评价方法如下：

（一）过程性评价

在本课程实施过程中，教师根据课堂上学生"是否认真有效诵读"、"有无积极回答问题"、"能否独立思考并提出问题"、"是否按要求小组合作交流"、"有无积极融入课堂"、"是否积极参与组织的活动"等方面的表现，给出"优秀"、"良好"、"合格"三个等级制的评价，并及时反馈给学生。

（二）激励性评价

根据实际情况，组织展示与评比活动。对于表现优异者，给予一定物质和精神奖励。如每周组织一次诵读展示，对于诵读中表现优秀的同学或进步较大的同学，进行"最佳诵读者"的荣誉表彰奖励。每学期举办一次"《论语》小剧场"活动，以小组合作的方式，自行选择《论语》中的片段，以合理的想象和艺术加工，将其演绎出来。对于优秀的团体，授予"最佳团队"奖。还可以每学期组织一次《论语》背诵大赛，比赛设置一、二、三等奖，对于获奖者，给予相应的物质和精神奖励。

（三）综合性评价

采用定量和定性相结合的方式,通过个人评、小组评、教师评、家长评进行综合评价,确定学生等级。评价标准:1.完成 16 课时的学习任务(40 分);2.学习过程主动,积极参与合作学习(30 分);3.能够说出一些名句的意思,能讲评《论语》中的道理(30 分)。其中 90—100 分为优秀,75—89 分为良好,60—74 分为合格。

（撰稿：周外香）

客家文化

一、课程背景

    客家是中国古代历史上南迁汉族移民群体中的一类,是世界上分布范围最广阔、影响最深远的汉族民系之一。古代客家先民的历史开始于秦征岭南融百越时期,历经西晋后期永嘉之乱、西晋五胡乱华、唐末黄巢之乱,宋室南渡,中原汉族大举南迁,陆续迁入南方各省,最迟在南宋已逐渐形成一支具有独特方言、风俗习惯及文化形态的汉族民系。客家文化既继承了古代正统汉族文化,又融合了南方土著文化,有古汉文化活化石之誉,客家语言是古汉语的活化石。耕读传家是客家文化的特点。围龙屋制度是古代农耕文化的巅峰代表。

    客家文化的核心是团结和奋进。弘扬优秀的客家文化,是对中国民族传统文化的继承和发展。全球化的今天,各国文化软实力的竞争越来越激烈,要想在文化竞争中保持优势地位,就必须让自己的文化更具多样性和民族个性。优秀的客家文化所散发出来的独特韵味给中国民族传统文化增添了独具色彩的一笔,具有独特的魅力。黄陂小学地处客家文化圈,具有一定的地域特点,学校的学生多为客家人,在这样一个背景下,开设"客家文化"的课程,传承客家文化,使优秀的传统文化焕发出新的魅力,就极具现实意义。

    本课程的理念是:走进客家文化,弘扬客家精神。作为生活在客家文化圈里的客家人,理应了解客家文化,弘扬优秀的客家文化,在学习客家文化的过程中不断自我超越、不断进取、不屈不挠、顽强拼搏,形成良好的人生观、价值观、世界观。

二、课程目标

1. 初步了解客家文化，包括文化起源、文化发展、文化影响。
2. 热爱客家文化，继承和发扬客家文化，陶冶性情。

三、课程内容

本课程主要是学习和传承客家文化，分初步了解、深入调查、成果展示和总结评价等 4 个模块。

模块一：初步了解

客家文化是指客家人共同创造的物质文化与精神文化的总和，包括语言、戏剧、音乐、舞蹈、工艺、民俗、建筑、饮食等方面。学生要知道客家文化的原始基础是具有浓郁乡土气息的土著文化和具有汉唐风韵的中原汉文化。客家民系分布很广，其中粤闽赣边三角地区是其主要聚居地，在国外以东南亚为主。客家文化是特定历史条件下形成的，以移民为代表的地域性文化。

模块二：深入调查

通过调查，深入了解本地客家文化的呈现方式，例如：客家建筑、客家美食、客家音乐、客家民俗等。让学生在调查的过程中，走进客家文化，去感受客家先民的团结精神。如广东梅州的多层围垅屋、永定的土楼、长汀的九厅十八井等典型的客家建筑便是客家人团结奋进精神的象征。

模块三：成果展示

通过多种形式向全班展示学习成果，分享学习经历和学习心得，如用演示文稿汇报、撰写小论文、表演民俗节目、制作客家美食等。为做好展示，学生需要对所收集的资料进行整理和分析，使得他们再一次对客家文化进行学习和探究，促进优秀客家文化的继承和发展。

模块四：总结评价

对学生的学习成果进行评价,总结学习活动中存在的优缺点,帮助学生内化客家文化知识,传承本地的优秀客家文化,开发潜能,发展个性特长,增强学生的民族文化认同,形成优良的客家道德品质。

四、课程实施

本课程是以五、六年级学生为对象,共 16 课时。具体实施方法如下:

(一)文化熏陶法

学生通过自主查阅书籍、上网查阅资料等方式了解客家文化的起源、发展和影响,同时利用队会活动时间开展丰富多彩的主题教育和实践活动。对学生讲解本地客家文化的一些传统,让学生感受客家文化的魅力,感受文化传承之美。

(二)合作学习法

学生探索客家文化时,教师要适时组织学生以小组为单位,分工合作,共同完成文化资料的收集、文化作品的展示等,让学生在探索的过程中不断交流学习。合作交流是一种重要的学习方法,有利于学生取长补短,互相学习,培养团队意识,形成团结友爱的客家精神。

(三)实践总结法

学生动手实践,以食品制作、歌舞表演、民风展示、民间绘画等形式展示学习收获,亲身感受客家文化,将所认识到的客家文化用自己喜欢的形式展现出来,享受客家文化带来的精神愉悦。同时也让学生参与成果的评价,学生之间相互评价、相互学习。

五、课程评价

本课程以激励性评价为主,具体的方法如下:

(一)定性评价法

通过"自我评价"、"学生互评"、"教师寄语"等形式作概括性描述和建议,让被点评者在自我剖析、生生互动、教师指点的情境下,不断完善自己的成果。评价时注意通过正面的激励性语言对学生进行表扬,增强学生的自信心。

（二）竞赛评价法

举办各种小竞赛,如"我是小小客家人"知识竞赛、"发现客家之美"摄影绘画比赛等。通过比赛激发学生的学习热情,开阔思维,让学生认识更多的客家文化。

（3）展示评价法

教师注意在客家文化学习的过程中收集优秀的作品进行展示,让学生学会比较,并能对别人展示的作品进行分析,锻炼学生的鉴别能力和语言表达能力。

（撰稿：潘微芬）

好习惯成就一生

一、课程背景

所谓"习惯"是指在长时期里逐渐养成的、一时不容易改变的行为、倾向或社会风尚。良好习惯不是与生俱来的,而是在生活中形成并逐渐稳固下来的。一个孩子养成了良好的习惯,他就知道怎么站、怎么坐,怎么举手、怎么发言,怎么待人接物、怎么请求帮助,就会有了行为的准则,就能变成一个温文尔雅的人。

著名教育家叶圣陶先生说:"什么是教育?简单一句话,就是要培养良好的习惯。"习惯决定孩子的命运。教师教给学生的知识是有限的,而养成的良好习惯则会使学生终身受益。从小培养孩子良好的习惯是为一生储存资本使之不断地增值。这正是"播种行为收获习惯,播种习惯收获性格,播种性格收获命运"。

本课程的理念是: 好习惯成就一生。让学生养成良好的习惯,有利于学生健康成长,形成正确的道德观、价值观,变得文明、高雅,促进学校良好学风、校风的形成。

二、课程目标

1. 掌握生活、学习的良好习惯,初步养成良好的生活习惯。
2. 将良好的行为习惯内化为自己的意志,感受良好习惯在生活和学习中蕴含的雅趣。

三、课程内容

本课程主要内容是行为习惯的养成教育,分为学习习惯、生活习惯、安全习惯和礼仪习惯等 4 个模块。

（一）学习习惯

良好的学习习惯包括:课前要预习,上课有准备,课堂专心听讲、勇于提问、积极回答、勤于思考,课后按时完成作业等。养成良好的学习习惯,能够提高学习效率,掌握科学的学习方法,促进自主学习意识的形成。

（二）生活习惯

良好的生活习惯包括:生活有序早起床,不睡懒觉;起床、穿衣、洗漱、整理内务行动要快;不迟到、不早退、按时到校、及时回家;经常洗澡洗头,常剪指甲,穿戴整洁;不乱扔果壳、纸屑、杂物,不乱涂乱画,不随地吐痰、不随地大小便;爱护公物、保护花草树木;节约水电、爱惜粮食,不吃零嘴等。学生养成良好的生活习惯,有利于身体健康,变得文明有礼。

（三）安全习惯

安全行为习惯包括:不追逐打闹,不闯红灯;不打架滋事,不无理取闹;不攀越栏杆、校门及围墙;注意饮食安全;注意防溺水、防火、防电等。加强安全行为习惯教育,可以使学生牢固树立安全第一的思想意识,形成自我保护意识和自我防范能力。

（四）礼仪习惯

文明礼仪习惯包括:尊重长辈,听父母教导,讲话态度诚恳;接受长辈物品时要起立用双手接,受到赞扬时说"谢谢";见到父母、长辈有礼貌地问候,外出时向父母道别,说明去向;见到老师要问好,进出校门、上下楼梯遇见老师让老师先行;上课回答问题先举手,跟老师说话要起立,进办公室前喊"报告";参加升降国旗,要严肃、庄重、衣着整洁等。

四、课程实施

本课程是以一、二年级学生为对象,要准备《小学生行为习惯养成教育》教材课本。本课程共 16 个课时,具体实施方法如下:

（一）知识讲解法

教师讲解学生行为规范的要求,以正确的行为习惯引导学生,促进学生良好行为习惯的养成。要鼓励学生自觉按照行为规范的要求做,要求学生积极尝试,争做一个讲文明、有礼貌的孩子。

（二）合作交流法

把班上的学生分成四人小组,让每个学生主动参与到小组活动中。合作完成收集学习、生活、安全、礼仪各个方面良好行为习惯的现象,在组内进行交流、反思、学习,共同提高。

（三）榜样激励法

在学生中树立榜样,鼓励全体学生向榜样学习。请榜样者讲述自己的故事,发挥积极的舆论导向作用,激励全体同学养成良好的行为习惯。

五、课程评价

本课程的评价坚持让学生成为评价的主体,促进学生认识自我、反思自我,养成良好的习惯。具体的方法如下:

（一）过程性评价

注意记录学生平时的行为表现,通过学生自评、互评,引导学生对自己的行为进行反思,学习他人的良好行为表现。鼓励更多的学生参与到活动中,促进学生正确认识自己的行为习惯,确立发展目标,不断提高。

（二）竞赛性评价

开展"良好习惯伴我行"活动,检测学生对良好行为习惯知识的掌握,以试卷答问形式进行。评选"好习惯小天使",树立榜样,为全体学生指明方向,促进健康成长,提高学生的综合素质。

（三）等级性评价

以学生日常行为习惯作为考查重点，对平时的良好行为表现，及时给予肯定和鼓励，并奖励星星给学生，在班级用表格进行记录展示。根据得到的小星星数量，确定行为表现等级，激励学生奋发向上。

（撰稿：黄　妃）

课程
1-8

餐桌上的礼仪文化

一、课程背景

    餐桌上的礼仪文化,就是指在吃饭用餐时的礼仪和文化常识。据文献记载,至少在周代,饮食礼仪已形成一套相当完善的制度。由于孔子的大力推崇,餐桌上的礼仪文化逐步成为历朝历代表现大国之尊、礼仪之邦、文明之所的重要方面,其历史可谓源远流长。

    中国自古以来就是礼仪之邦,做什么事情都要以礼待人。餐桌上的礼仪文化更是其中很重要的一项内容,但现在往往被忽视。开设餐桌文化课程活动,有利于学生养成良好的用餐礼仪习惯,增长知识,开阔眼界,有利于培养学生讲文明、懂礼仪、识大体的生活习惯。它的开展丰富了学校实践课的内容,促进了学生综合素质的提高。

    本课程的理念是:文明进餐,礼貌待人。餐桌上的礼仪文化不限于学校、家庭,还有各种正式或非正式的社交场所。学生学习餐桌上的礼仪文化,让餐桌上的礼仪文明融入生活,是培养文明、有礼的现代小公民的重要内容。

二、课程目标

    1. 了解餐桌上礼仪文化的历史,认识到餐桌上礼仪文化的重要性。

    2. 掌握餐桌上礼仪文化,养成良好的用餐习惯。

三、课程内容

    本课程主要内容是餐桌上礼仪文化,分为入座时的礼仪文化、进餐时的礼仪文化和离席时的礼仪文化等 3 个模块。

模块一：入座时的礼仪文化

在进餐入座时需要讲究入座次序，一般为客尊主卑。进餐时需要客人先入座，其后为家中长者，最后才是自己。入座之时需要按一定的座次。如果圆形餐桌，则正对大门者为主客，越靠近主客位置越尊，相同距离则左侧尊于右侧。如果是八仙桌，有正对大门的座位，则正对大门一侧的右位为主客，如果不正对大门，则面东的一侧右席为首席。入座后要坐姿端正，双脚放在椅下，不可伸出。

模块二：进餐时的礼仪文化

进餐时，不要菜刚上就要拿筷去夹，而是要等主人招呼后，示意大家起筷，先请客人中年长者动筷子。夹菜时要文雅，不能一次夹过多的菜，不要抢菜。吃的时候要细嚼慢咽，在吃完口中食物以后再夹菜。进餐时不要随意玩耍碗筷，在不需要夹菜时，可以把筷子整齐地摆放在自己身前的餐盘或者筷枕上。如果提供了公筷，则要使用公筷。夹菜时不可在菜盘里翻来覆去地挑选，也不可在别人夹菜时随意转动餐桌。

模块三：离席时的礼仪文化

客人享用完最后一款菜肴时，宴席便正式结束，于是主人家的主角会站立起来，表示宴会到此结束。在进餐结束后，可以用餐巾纸擦嘴，在主人未离席之前，不要随意离席。如果中途需要去厕所或者有事要离开，需要提前和主人打个招呼，说明情况，切忌一声不吭就独自离席而去。

四、课程实施

本课程以四至六年级学生为对象，共 16 课时。具体实施方法如下：

（一）文化熏陶法

学生自主查阅书籍，了解餐桌上的礼仪历史文化，初步感受餐桌上用餐的规矩，感受中华民族礼仪之邦的源远流长和博大精深。教师可以组织学生介绍自己家里餐桌上的礼仪，说说对餐桌上的礼仪的感受，提升对传统文化的认识。

（二）分组教学法

在教学过程中，把学生分成若干小组进行学习，从中挑选一名综合素质较高的组员为组长，模拟不同的用餐情形，讲解不同用餐情形下的餐桌礼仪文化，培养"小老师"，引导儿童相互学习，提高学生的整体实践认知水平。

（三）实践总结法

以实践为基本方法，学生能较好地把握餐桌上的礼仪文化以及用餐时的技巧及注意事项，在操作中发现问题，并加以总结整理，在今后用餐中多多留意且避免，提高自己的文明用餐水平。

五、课程评价

本课程采用激励性的评价方法为主，具体的评价如下：

（一）定性评价

通过"我这样评价自己"、"老师寄语"，针对被评者作概括性描述和建议，以帮助被评学生进一步改进与提高。

（二）星级评价

通过星级评价的方法，利用激励性语言：坐姿优美，长幼有序，用餐优雅等进行评价，能更好地激励学生学习的兴趣。课堂中能正确使用餐具和注意餐桌文明等语言，培养学生的文明意识。

（三）展示评价

举办"我是餐桌文明小使者"的活动，通过现场用餐礼仪文明评比活动让学生在体验餐桌礼仪的重要性，感受如何进餐才是合乎礼仪的。

（撰稿：张　萌）

第二章

语言是生命最灿烂的花

语言是存在的家，是盛开的生命之花。让我们轻轻地行走在那些伟大的文字间，感受着语言带给我们的曼妙，感怀那魅力的语言所编织的惬意生活场景，勾勒的淡墨梅花暗香，书写的婉丽飘逸诗行，牵起的情丝缕缕……语言交流课程不仅让儿童积累词汇，形成初步的综合运用语言文字能力，更要让他们成长智慧、生长思想，涵养品性。

著名哲学家海德格尔曾经说过:"语言是人存在的家。"人类是尘世的流浪者,语言是人与生俱来就存在于其中的东西,人只有在先在于他的语言的引导下,才能理解自我和世界。人就在语言中,人只能存在于语言之中,不可能离开语言而存在。语言就是人的家园,语言就是人的生活,语言就是人的存在。造物主赋予了人类一把金钥匙——语言,从此,语言闪动知识与智慧的光芒,开启一道又一道心灵之门,绽放一朵又一朵生命之花。行走在语言文字所展示的如痴如醉的图景里,必定是与语言最美的相逢,必定是今生最美的风景,每个孩子的思想都会因为语言交流而像飞鸟一样地翱翔于天地之间。

　　语言是思想的直接现实,是盛开的生命之花。语言学习对提高人的思维能力、表达能力、想象力和创造能力有着重要作用,通过语言文字学习培养思考和交流的能力,是形成语言文字素养的基本途径。语言还是思想文化的载体,任何一个文明的传承,都需要用语言文字记录本民族的文化思想。无论是汉语还是英语的学习,都能够使儿童形成初步的综合运用语言文字能力,促进儿童心智发展,提高人文素养。语言文字素养是现代公民所必须具备的基本素养。培养小学生语言文字素养的一个重要途径就是加强儿童的语言实践,经常开展语言交流实践活动。小学儿童的语言交流实践活动,不仅是一个词汇积累的过程,更是一个生长思想、成长智慧的过程。儿童通过语言交流实践活动,初步掌握一些语言技能,学习阅读与思考的方法,提高语言交流能力;学会倾听,善于欣赏和借鉴他人的思维成果来启迪自己的智慧;关心当代文化,尊重多样文化,吸收人类优秀文化的营养,提升自己的文化品位。

　　《义务教育语文课程标准》指出:语文课程是一门学习语言文字运用的综合性、实践性课程。义务教育阶段的语文课程,应使学生初步学会运用祖国语言文字进行沟通,吸收古今中外优秀文化,提高思想文化修养,促进自身精神成长。根据课程标准和学校实际,我们开发了"童话摩天轮"、"绘本阅读"、"成语世界"、"国学经典诵读"、"快乐作文"等语言交流系列课程。这些课程涵盖了语言积累、语言交流、语言运用等内容,以听说为主,以生生、师生之间多向互动为组织形式,以兴趣为切入口,根据学生身心发展和语文学习的特点,创设具体的教学情境,激发学生的好奇心、求知欲,鼓励学生自主阅读、自由表达,注重与生活的联系,有利于学生在感兴趣的自主活动中全面提高语文素养。

《义务教育英语课程标准》指出:英语课程的学习,既是学生通过英语学习和实践活动,逐步掌握英语知识和技能,提高语言实际运用能力的过程;又是他们磨砺意志、陶冶情操、拓展视野、丰富生活经历、开发思维能力、发展个性和提高人文素养的过程。根据课程标准的指导思想和学生的实际情况,我们开发了"读者剧场"、"Sight words"、"爱拼读"、"口语交际"等语言交流系列课程,激发孩子对英语学习的兴趣,树立自信心,让每一个孩子都敢大胆开口说英语;养成良好的英语学习习惯,形成有效的学习策略;培养孩子观察、记忆、思维、想象能力和创新精神,挖掘学生的潜能;拓展视野,了解中西方文化的差异,对本国的文化充满自信自豪,培养爱国主义精神,树立正确的人生价值观;掌握英语基础知识和听、说、读、写技能,形成一定的综合语言运用能力,为其终身学习和发展奠定坚实的基础。

儿童的语言学习是一个不断积累,逐步提高过程。语言交流系列校本课程的实施,应该注意这样几个问题:一是要面向全体学生。语言交流能力是现代公民的基本素养,必须让每一名儿童都具备必要的语言交流能力,学会准确地表达自己思想,能够听懂别人的发言,学会思考。二是要重视语言实践,培养学生的语言运用能力。要重视学生读书、写作、口语交际对话等语言实践活动,注意创设情境,循序渐进地引导学生开展专题学生,沟通课堂内外,提升学生实际运用语言能力。三是注意语言的工具性与人文性的统一。语言是思维的外壳,是文化传承的载体。在听说读写过程中,要注意引导学生领悟文章所传达的情感态度和价值观,欣赏其中蕴含的文化内涵。

语言交流系列课程的实施,使儿童学习语言的兴趣明显提高。由于这些课程实践性强,每名儿童都能在不同的水平上参与,都能够获得成功的体验。特别是"攀登英语说唱"、"英语绘本阅读"、"读者剧场"、"成语故事"等课程,学生产生了浓厚的学习兴趣。同时,儿童的语言学习方式得到改善。这些课程的学习,不再是机械记忆、重复练习,阅读、会话、表演等丰富多彩的学习方式有效改善了儿童学习语言的方式,使学习过程变得丰富多彩,学生的语言能力得到快速提升。

"在蓝天下的学校,在一个美好的环境中,一起去激荡语言,去幻想一切可能,这不仅仅是学习的过程,而是让生命潜能绽放的过程,是施教者与儿童休戚与共的过程,是感知生命智慧的过程,穷尽我的词汇也无法尽述在这个过程中,正在发生的一切"。(苏霍姆林斯基《把整个心灵献给孩子》)让我们轻轻地行走在那些伟大的文字间,感受着文字带给我们的快乐,感怀那魅力语言所编织的惬意生活场景,勾勒的淡墨梅花暗香,书写的婉丽飘逸诗行,牵起的情丝缕缕……我们用真情演绎语言的魅力,为快乐生活涂抹一道亮丽的色彩。让我们享受万古奔流的文字中淌出的不朽思想,浩淼无边,光芒万丈。

童话摩天轮

一、课程背景

童话是儿童文学的一种,它通过丰富的想象、幻想和夸张来塑造形象、反映生活,对儿童进行思想教育。童话一般故事情节神奇曲折,生动浅显,对自然物往往作拟人化的描写,为儿童所容易理解和接受。

童话语言较浅显易懂,故事性、趣味性强,容易激发孩子的阅读兴趣。童话中丰富的想象与夸张的写作手法,能够活跃学生的思维。故事中的各种巧合编排方式及个性鲜明的人物塑造方式,不仅能帮助孩子积累丰富的语汇,还能提高儿童创编故事的谋篇布局能力。童话中充满寓意和哲理的故事,帮助孩子们在阅读过程中理解人生,引导孩子做一个通达事理、明辨是非的人,受到情绪的感染和道德的熏陶。

本课程的理念是:激发童趣,乐享阅读。我校开设童话课程,让孩子们在充满乐趣的童话故事中轻松阅读、快乐阅读、爱上阅读,发现童趣,找回童心。

二、课程目标

1. 丰富词汇量,拓展知识面,体会童话的语言魅力,形成语感。
2. 大量阅读童话,感受童话丰富的想象力,激发阅读兴趣。

三、课程内容

本课程以童话名著为主要阅读内容,分为春之声、夏之梦、秋之韵和冬之旅等 4 个模块。

模块一：春之声

一个孩子，就像是一个春天。在这个春天里，万物生长，思无邪，总有光，世界充满了未知与希望。本组选取《穿靴子的猫》、《拇指姑娘》、《笨蛋汉斯》和《打火匣》等一些轻松、活泼，对世界充满好奇与探索的童话作品，让孩子们在阅读中感受世界的温馨与美好，勇敢去探索一切未知。

模块二：夏之梦

一个孩子，就像是一个夏天。在这个夏天里，万物蓬勃，绿荫浓、夏日长，世界充满了生机与活力。本组选取《木偶奇遇记》、《皇帝的新衣》、《国王长着驴耳朵》、《勇敢的小裁缝》和《宝葫芦的秘密》等一些经历挫折后跌跌撞撞、渐渐成长的童话故事，让孩子们在阅读中寻找成长的足迹，获得一些生活的有益启示。

模块三：秋之韵

一个孩子，就像是一个秋天。在这个秋天里，万物结果，瓜果香、喜梢头，世界充满了丰收与喜悦。本组选取《老头子总是不会错》、《豌豆公主》、《农夫与魔鬼》、《爱丽丝梦游仙境》和《格列佛游记》等一些富有哲理的童话，篇幅也稍长，让孩子们在阅读中渐渐感悟人生，窥见社会生活的影子。

模块四：冬之旅

一个孩子，就像是一个冬天。在这个冬日里，万物归寂，唯松柏凌霜傲雪，世界充满了冒险与考验。本组选取《卖火柴的小女孩》、《海的女儿》、《渔夫与金鱼》、《绿野仙踪》和《小王子》等一些更具有现实意义的童话，告诉孩子们，万般磨砺之后，初心不变、童心不灭。

四、课程实施

本课程以四年级学生为对象，需要准备童话文集，共 20 课时。具体实施方法如下：

（一）阅读指导法

每一阶段布置给学生阅读任务前，先用一到两课时的时间给予学生一定的童话阅读技巧指导,激发学生阅读兴趣,帮助他们明确自己的阅读目标。

（二）任务驱动法

根据最近发展区原则,与孩子共同确定阶段性的阅读目标及小任务,制定一个有效的激励机制,每次学生完成一定的阅读任务就能获得一些鼓励或肯定。通过小任务驱使学生有意识、有计划地去完成阅读目标,增加阅读乐趣。

（三）自主学习法

学生根据掌握的童话阅读方法,在阅读过程中独立思考、自主探索,运用学到的阅读方法进行阅读,如进行旁批、做笔记、写心得感悟等形式促进阅读。

（四）圆桌讨论法

每个阶段性的阅读任务完成后,组织一次小组讨论交流。学生们可以交流阅读过程中的所学、所思、所悟、所疑,分享阅读的乐趣,相互学习,使童话阅读变得更加有趣。圆桌讨论作为一个集中交流与展示的平台,引导学生形成阅读分享的习惯,营造良好的阅读氛围。

（五）家校联合法

鼓励家长为孩子提供良好的阅读条件,与孩子一同阅读童话书籍,一起观看童话主题的电影,一起录制故事视频、音频,或陪同孩子对孩子的阅读进行鼓励和引导,营造良好的家庭阅读氛围。

五、课程评价

本课程主要采取激励性的评价,具体的方法如下:

（一）讲故事评价

由学生选择一个读过的童话进行复述,要求做到思路清晰,情节完整,语言流畅、生动、具有感染力,鼓励家长共同参与。可进行现场故事讲演,也可以录制视频、音频的方式参与。由老师、家长、学生共同参与评价。

（二）成果交流评价

将阅读成果以丰富多样的形式呈现出来，学生可根据自己的兴趣与所长，选择用手抄报、读书笔记、书签等不同形式展现自己所学成果，由老师、同学共同参与进行评价。

（三）童话展演评价

自由组队，将阅读过的童话作品或自创的优秀童话作品搬上舞台，以生动的语言及感染力十足的表演，将作品最大限度地展现出来。同学们的掌声将是对展演者最大的鼓励和最棒的评价。

（四）故事创编评价

举办学生童话创编比赛，评选出"故事大王"。创编方式分为原创作品及续编或改编作品两大类。作品要求语言通顺，故事完整，情节合理，叙事有条理，人物形象鲜明有个性，能体现童话想象丰富、故事性强、趣味性强等主要特征。作品评价分为老师评价和学生评价两部分，最后选取优秀作品编辑成册，以供传阅，并推选出"故事大王"。

（撰稿：李丹贤）

绘本阅读

一、课程背景

绘本，即图画书，是指以绘画为主，并附有少量文字的书籍。"绘本"一词源于日语，与英语对应的是"Picture Book"。绘本中的文字非常少，所以必须精练，用简短的文字讲述出一个跌宕起伏的故事，语言必须风趣活泼，能吸引孩子。绘本中要读的不仅是文字，还有图画，要从图画中读出故事，进而欣赏绘画。

绘本是我国大多数家庭首选的儿童读物，也是国际公认的最适合幼儿阅读的图书。儿童心理学的研究认为，孩子从很小就开始具备一定的认知图形能力。低年级孩子识字量少，注意力集中时间不长，但是他们对图画这样的直接感官刺激的物体感兴趣，形象性思维占主导地位，联想丰富，喜欢表达。我们可以有意识地指导孩子阅读绘本，为他们读文字，看图讲故事，让他们在听故事中品味绘画艺术，在欣赏图画中认识文字、理解文学。绘本欣赏，无疑是一种让眼睛享受、让心灵愉悦、让精神提升的美妙体验。它可以培养多元智能，帮助孩子建构精神世界，促进儿童心智发展。

本课程的理念是：读绘本，启智能。教师和学生在共同阅读绘本的过程中开阔视野，丰富生活经验，感受美，激发创造性思考，促进多元智能的均衡发展。通过绘本教学，让孩子爱上阅读，在一年级形成良好的读书氛围，培养终身阅读的爱好。更希望通过孩子的阅读，能感染周围的人，一起享受阅读的快乐，分享阅读带来的成功。

二、课程目标

1. 会读绘本,培养读图和阅读简单文字的能力。
2. 爱读书,养成阅读兴趣和习惯,享受阅读的快乐。

三、课程内容

本课程以多种形式的阅读活动激发儿童的阅读兴趣,滋养儿童的心灵,引领儿童的生命成长,分为帮助别人、自我认知和生命的意义等 3 个模块。

模块一:帮助别人

刚踏入小学的一年级学生,开始了集体生活,交到了新的朋友,每一天孩子们都需要和小伙伴们相处。我们可以通过绘本阅读,教育孩子们如何与他人相处,学会关心、爱护、帮助他人,更好地适应小学生活,发展人际智能。推荐阅读的绘本有《城里最漂亮的巨人》《鼹鼠与小鸟》《弗洛格是个英雄》等。

模块二:自我认知

自我认同是人对自己所思所做的一种认可,能够理智地看待并且接受自己,热爱生活,奋发向上,积极而独立,自信、自尊。只有建立了比较充分的自我认同感,才能自信、自尊。通过绘本阅读,可以引导学生认识自我,形成自尊、自信的个性品质。推荐阅读的绘本有《我就是喜欢我》《我也可以飞》《你很快就会长高》等。

模块三:生命的意义

每个生命都是独特的,可敬的;每个生命都是唯一的,可贵的。可以让学生在绘本阅读中感悟生命的美好,敬畏生命、享受生命的快乐。推荐阅读的绘本有《长大做个好爷爷》《风到哪里去了》《鸟儿在歌唱》等。

四、课程实施

本课程以一、二年级学生为实施对象,要准备有拼音的绘本故事书、课件及活动所需材料。共20课时,具体实施方法如下:

（一）师生共读法

每周的阅读课上师生共读绘本故事。教师可以朗读一些优秀的绘本给孩子们听,学生也可以分享自己读的绘本故事。师生同读,交流自己的思想感悟,可以激发学生的阅读兴趣,增进师生之间的感情。

（二）亲子阅读法

家长和孩子根据老师提供的多元智能绘本,一起阅读,交流思想感悟。孩子们也可选择自己感兴趣的绘本和家长一起阅读。

（三）思考讨论法

针对阅读的绘本故事,老师提出问题让学生思考并讨论。例如阅读绘本《我喜欢书》后,让学生尝试复述故事,随后向学生提出问题,让学生思考、回答:文中提到了哪些种类的书?不看文字,你能够猜出图话说的是哪种类型的书吗?你都看过哪些书?你最喜欢看哪种类型的书?看书给你哪些收获?你想推荐什么样的书给朋友看呢?通过思考讨论,学生能深入了解绘本的内容。

（四）竞赛激励法

开展讲故事、画故事比赛,评选"书香少年",把学生绘编、续编的作品结集成册,形成孩子自己的绘本。设计班级"书香园地",展示学生制作的绘本,营造班级读书氛围,激励孩子们积极参加绘本阅读活动。

五、课程评价

（一）分享性评价

鼓励学生分享自己阅读的绘本故事,说说自己的阅读感受,对绘本进行评价。向同学推荐自己阅读过的绘本故事,说说这个绘本故事有什么意义。其他同学们进行评价，重点评价绘本故事的主要内容是否介绍清楚，表达是否完整，所推荐的绘本是否值得大家阅读。通过相互评价，促进共同进步，共同提高。

（二）展示性评价

组织学生创意制作一张好书推荐卡，向同学推荐自己最喜欢的绘本，在小组内互相介绍分享，投票选出制作最好的好书推荐卡张贴在黑板报上。尝试进行绘本创作，要求故事情节完整、有趣，画面优美。教师将学生创作的绘本故事，编写成册，进行展示。通过展示，激励学生积极参加绘本阅读活动。

（二）评选性评价

组织开展"我是故事大王"比赛，孩子可以挑选最喜欢的一个绘本故事讲述，也可以自己创编绘本故事讲述，要求故事完整，能绘声绘色。对优胜者颁发"故事大王"奖状。

（撰稿：赵嘉怡　龙坤宜　周燕聪）

课程
2-3

成语世界

一、课程背景

成语是指汉字语言词汇中定型的词组或短句,有固定的结构形式,表示一定的意义,在语句中作为一个整体来应用。成语有很大一部分是从古代汉语沿用传承下来的,往往代表了一个故事或者典故,在用词方面往往不同于现代汉语,是汉语言文化的一大特色。成语又是一种现成的话,跟习用语、谚语相近,但是也略有区别。成语,众人皆说,成之于语,故成语。

成语是中华民族语言宝库中一颗璀璨的明珠,是中华民族优秀文化的一部分,不仅见证了五千年汉语文化的发展变化,更承载了华夏民族的文化精髓。每个成语的形成一般都有一个典故,每个成语的背后都有一个故事。通过一个个的成语故事,人们不仅理解了成语的意思,还可以了解中华民族悠久的历史、宝贵的文化和高超的智慧。小学生学习和积累一定数量的成语,不仅可以使语言表达生动简洁、形象鲜明,让文采增色,而且能提高书面表达能力,增强文化底蕴。

本课程的理念是:积累成语,提升涵养。本课程注重激发学生学习成语的兴趣,让孩子熟悉成语,感受其无穷的魅力。通过学习成语,发展思维,提高在实际语言环境中运用成语的能力及语言表达能力。学习成语,能积淀文化底蕴,激发对传统文化的热爱之情,形成积极的人生观和价值观。

二、课程目标

1. 初步了解成语的来源、出处、格式和特征等,领略成语简洁精辟、寓意深长的特点,感受成语的语言魅力。

2. 掌握一定数量的成语,提高语言表达能力,形成积极的人生观和价值观。

三、课程内容

本课程主要内容是成语学习,分为走进成语故事、积累成语金点子、开心游成语乐园和成语综合运用等 4 个模块。

模块一:走进成语故事

通过讲寓言成语故事、历史成语故事和神话成语故事等活动,激发学生学习成语的兴趣。简单了解成语的意义、来源、出处,成语的格式与特征、感情色彩等。

模块二:积累成语金点子

要积累一定数量的成语,必须指导学生掌握一定的积累方法,如根据成语所涉及的事物进行分类积累,根据应用范围分类积累,根据相同的字分类积累等,提高成语的积累数量。

模块三:开心游成语乐园

组织开展"欣赏成语世界的四季"、"成语世界的动、植物"、"妙语连珠——说成语"、"妙不可言——猜成语"一系列成语活动,指导学生广泛积累成语。

模块四:成语综合运用

开展生动活泼、引人入胜的成语知识大赛,成语接龙比赛,成语修正大赛,成语书写比赛等系列竞赛活动,激发学生学习运用成语的兴趣,开阔学生的视野,主动积累成语,动手又动脑,提高在实际语言环境中运用成语的能力。

四、课程实施

本课程是以四、五年级学生为对象,要准备《成语故事》、《新华成语

词典》、课件、原稿纸、书法纸等。本课程共 18 课时,具体实施方法如下:

（一）情景教学法

在本课程实施过程中,教师努力营造宽松、民主、和谐的教学氛围,创设教学情景,拓展学习的空间,利用多媒体、动画或生动的讲述激发学生的学习兴趣。

（二）竞赛激励法

结合学生的心理特点,采用竞赛的方法组织学生学习成语,激发学习兴趣,如分组进行成语知识大比拼、成语书写大赛、成语修正大赛等。

（三）合作学习法

在学生自主探究的基础,以小组为单位开展合作学习,组织丰富多彩的活动,理解成语的内涵,积累成语,运用成语,了解中国博大精深的语言文字。

（四）归类学习法

将与学生学习和生活密切相关的成语进行分类,例如根据成语所涉及的事物进行分类,可以分为有关动植物的成语、有关数字的成语、有关历史人物的成语、人物精神品格的成语等。老师采用分类的方法引导学生学习需结合学生的实际,分类方式以好记好用为原则。

五、课程评价

本课程坚持让学生成为评价的主体,注重评价方法的多样性和灵活性,根据学生的年龄特征和学习风格的差异采取适当的评价方式。具体的评价方法如下:

（一）即时评价

根据学生课堂上学习情况,教师及时进行口头评价,结合学生表现运用"故事说得生动具体、积累得真不少、懂得真多……"正面的激励性语言表达对学生的肯定与赞赏,帮助学生认识自我,树立信心。

（二）赛事评价

组织开展成语知识竞赛、成语书写大赛、成语修正大赛等活动,根据表现评出奖项,发挥正面评价的激励作用。对在竞赛中取得突出成绩的学生,可以让他们介绍学习经验和心得体会,发挥榜样的导向作用。

（三）等级评价

对学生每一堂课的表现,让学生同伴、教师共同参与评价,等级可评为"优秀"、"良好"、"合格"。通过等级评价,引导学生自我反思,促进学习。

（撰稿：刘春梅　龙顺媚）

课程
2－4

古诗词诵读

一、课程背景

古诗词浓缩了中华文化几千年的文明成果，是中国传统文化宝库中的一颗璀璨明珠。它形象生动、音韵和谐、琅琅上口，是小学生培养语感、增强记忆、净化心灵、陶冶情操的好教材。同时，古诗词是诗人思想感情的强烈流露，它以高度凝练的语言形象地表达作者丰富的思想感情，集中地反映社会生活，并具有一定的节奏和音韵。

"读史使人明智，读诗使人灵秀。"熟读古诗词不仅能提高人们的文学素养，还能够提高人的写作能力，正所谓"熟读唐诗三百首，不会吟诗也会吟"。学习古诗词还能够陶冶人的情操，塑造人的性格，使人的志向得到升华。通过学习古诗词，使儿童脱离庸俗和低级趣味，变得更加文明和高雅。

本课程的理念是：用古诗词滋润儿童的生命。让学生在诵读学习中受到经典古诗文的熏陶，享受诵读的乐趣，感受传统文化的博大精深，体味传统文化丰富的人文内涵，全面提高学生的鉴赏、朗诵、写作能力。

二、课程目标

1. 了解我国古代一些著名的诗人及名句，受到经典古诗词的文化熏陶。

2. 熟练背诵所学古诗词，积累古诗词，提高古诗词的朗诵水平和欣赏能力。

三、课程内容

古诗词是中文独有的一种文体,有特殊的格式及韵律。诗按音律分,可分为古体诗和近体诗两类。古体诗和近体诗是唐代形成的概念,是从诗的音律角度来划分的。按内容可分为叙事诗、抒情诗、送别诗、边塞诗、山水田园诗、怀古诗(咏史诗)、悼亡诗、咏物诗,军旅诗等。古体诗也叫古风,分为五言古诗和七言古诗两类。除了楚辞外,大多数魏晋之前的诗都是古体诗。近体诗一般是绝句和律诗。我们选用《小学生必背75首古诗》作为诵读的教材,按照朝代把这75首古诗分成汉乐府之歌、唐诗之韵、宋诗词之魅和元明清之味等4大模块学习。

模块一:汉乐府之歌

汉乐府民歌语言朴实自然,多用生动的口语,亲切朴素,叙事同抒情结合,感情真挚动人,回环往复,音韵和谐,形象鲜明,音韵和谐,文字活泼,正是民歌的本色。组织学生诵读《江南》、《长歌行》、《敕勒歌》等汉乐府诗歌,一同感受诗歌的乐感。

模块二:唐诗之韵

唐朝是我国诗歌史上的黄金时代,唐诗反映了唐代丰富的社会生活内容,具有完美的艺术形式,是我国封建社会灿烂文化的一朵奇葩。唐代诗歌一般来说可以分为初唐、盛唐、中唐、晚唐四个时期。诵读山水田园派诗人孟浩然和王维、现实主义诗人杜甫、浪漫主义诗人李白、边塞诗人高适和岑参等名家的45首诗,体会唐诗清新、脱俗、飘逸、简短的韵味。

模块三:宋诗词之魅

宋诗词在思想内容和艺术表现上,都有新的开拓和创造。如讲究炼字凝句,用词求独特,故语意较隐讳、晦涩。诵读宋朝豪放派诗人苏轼和辛弃疾、婉约派诗人李清照等名家的21首诗词,领略宋诗词含蓄、悠扬、绵长的魅力。

模块四:元明清之味

元代散曲独领风骚,意境深远而又通俗易懂,脍炙人口。明代的诗词无可观,清代诗词在唐宋以后又放异彩。诵读元明清时期白朴、杨慎等的 6 首诗词,品味元明清诗词的直露、绵长的意境。

四、课程实施

本课程是以四年级学生为对象,要准备《小学生必背古诗词》一书。本课程共 80 课时,具体实施方法如下:

(一) 精讲解

在课堂教学中,教师通过"知晓诗人、解释诗题、朗读诗文、明确诗意、代入诗境、感悟诗情"等环节精心讲解,让学生理解诗词的内涵,感悟其意境,帮助学生学习古诗词。

(二) 勤读书

"书读百遍其义自见。"组织学生开展个人朗诵、分组比赛、班级分享等多种形式反复诵读、品味古诗词,想象诗中所表达的意境,感悟古诗词的韵律美、意境美。

(三) 画画面

每一首古诗词就是一幅美丽的画卷,学生根据对诗中意境的理解,在脑海中想象出一幅幅迷人的画面,再用画笔展现出来,以画画促进对古诗词的感悟。

(四) 讲故事

采用讲故事的方法帮孩子理解诗的含义,记忆古诗,激发孩子学习古诗词的兴趣。孩子对古诗词的理解也会更加深刻。

(五) 写习作

每一首古诗词就是一个动人的故事、一幅美丽的画卷,诗美、画美,学生会产生一种身临其境的感觉。学生将原诗改写成一篇写景记叙文,既理解了古诗意境,又锻炼了写作的能力。

五、课程评价

古诗词诵读课程的评价主体多元化，注意引导学生开展自我评价，组织小组成员互评，促进学生主动参与、自我反思、共同发展。具体评价方法如下：

（一）测验性评价

古诗词的测验有理解、鉴赏评价、延伸发散三个维度，一般有选择题、填空题、连线题、简答题、简析题等形式，通过定期测试评价孩子学习古诗的效果。

（二）展示性评价

将古诗词学习的成果以丰富多样的形式呈现出来，学生可根据自己的兴趣与所长，选择用手抄报、古诗词默写、画画、习作等不同形式展现所学成果。

（三）竞赛性评价

孩童时代在是记忆力最强的时候，要抓住这段时期，广泛积累古诗文，领略古诗文的艺术魅力。可以通过举办古诗词看图猜诗句、古诗词飞花令、背诵、默写等竞赛活动，促进古诗词的学习。

（四）体态语评价

在日常的学习中，教师的一个眼神，一个会心的微笑，一个亲切的抚摸等肢体语言，都能表达对学生的肯定与赞赏，帮助学生认识自我，树立信心，让孩子们慢慢爱上古诗词。

（撰稿：陈成好）

阅读的策略

一、课程背景

　　书籍是用文字、图画和其他符号,在一定材料上记录知识、表达思想的载体。书籍是积累和传承人类思想文化的重要工具,人们能够了解中国几千年前的奴隶社会状况,知道战国时期百家争鸣的情形,读到优美的汉赋、唐诗、宋词、元曲……这一切,都有赖于古代的书籍。迄今为止发现最早的书是在 5 000 年前古埃及人用莎草纸所制的书。中国商朝时期用甲骨、希腊和罗马时期用动物的皮来记录国家的法律、历史等重要内容,都是古代书籍的重要形式,其成本与人工都相当高,只有少数的教会、大学、贵族和政府有书籍的应用。直到印刷术的发明,书籍才作为普通老百姓能承受的物品,得以广泛传播。进入 21 世纪,电子书又以空间小、便于传播、便于保存等优势,成为未来书的发展趋向。

　　"书籍是人类进步的阶梯。"我们可以通过阅读书籍认识世界,认识历史,认识生活。生活里没有书籍,就好像没有阳光;智慧中没有书籍,就好像鸟儿没有翅膀。综观古今中外,每一位伟人都是阅读的高手,饱览群书,嗜书如命,纵观古今,横通中西,都可以被看作是一座藏书极为丰富的图书馆。我们可以从阅读中吸取古人的智慧,汲取战胜困难的勇气和力量,滋润心灵。让我们爱上阅读吧,阅读是教育的核心,是最基本的学习能力,学校中几乎每一学科的知识都是通过阅读来学习的。阅读是主动的探索,阅读是智慧的丰盈,阅读是生命的扩展。

　　本课程的理念是:在阅读中增长智慧,丰盈生命。阅读可以开阔视野,增长见识,培养良好的自学能力,发展思维能力。儿童可以从阅读中汲取精神营养,增长智慧,丰盈生命。

二、课程目标

1. 广泛阅读,拓展知识面,塑造良好的精神品格。
2. 掌握一定的阅读方法,感受语言之美,享受阅读的快乐,提升语文素养。

三、课程内容

本课程选用 100 本优秀读物组织学生开展阅读活动,让学生掌握阅读的方法,拓展知识面,促进孩子的精神成长。课程内容分图书的种类、阅读的方法和成果交流等 3 大模块。

模块一:图书的种类

按中国图书馆分类法,图书可以分为马列主义、毛泽东思想,哲学,社会科学,自然科学,综合性图书五大部类,22 个基本大类。这是目前各类图书馆通常采用的分类方法。这种分类方法科学、规范、详细,每一类代表了一个知识的领域,了解这个分类,也就大概知道目前人类掌握的知识体系。小学阶段儿童的知识面较窄,家里的藏书可以简单地分为作文类、故事类、文学类、科技类和工具类等几种。

模块二:阅读的方法

阅读有很多的方法,根据阅读目的,可以采用不同的策略阅读,可以精读,也可以泛读,还可以跳读。精读,即精细阅读,要逐句串讲,对文章进行分析、比较、综合、概括、归纳和演绎,把握文章的思想内容。泛读,即粗浅阅读,把握文章主要的思想内容即可,可以采用看目录,快速浏览等方法把握文章主要观点。跳读,即跳跃式阅读,在文章中找出自己需要或感兴趣的部分进行阅读即可。无论采用哪种阅读策略,都可以采用找关键词句、画重点、列题纲、做笔记、写心得等方法帮助我们进行阅读。

模块三:成果交流

指导学生按照一定的方法广泛阅读,积累成语和格言警句,撰写读书笔记,介绍自己掌握的知识,推介自己喜欢的书籍等。教师收集读书心得汇集成册,组织学生进行成果交流,把学生的优秀作品在全班展示,互传欣赏、交流心得,营造积极的阅读氛围。

四、课程实施

本课程是以五年级学生为对象,需 18 课时。具体实施方法如下:

（一）文化熏陶法

营造浓厚的读书氛围,制作主题为“读书”的文化墙,学生捐书,充实班级图书角。学生自由选择一本喜爱的书籍,每天固定约半小时的阅读时间,让学生养成阅读的习惯。

（二）任务驱动法

为学生列出阅读书目,要求学生在一定的时间内完成阅读任务,然后交流阅读心得,并对表现优秀的学生进行奖励,通过任务驱动学生开展阅读活动。阅读过程中注意对学生进行阅读方法指导,激发学生阅读兴趣,帮助他们明确自己的阅读目标。

（三）合作交流法

在教学过程中,学生以小组为单位,交流讨论自身阅读内容的感悟及理解。另外,提倡亲子共读一本书,交流读书收获,培养读书习惯。小组中学生能总结读书经验,互相取长补短,互相点评,提出整改意见。亲子在读书过程中,要及时反馈读书经验。

（四）成果展示法

指导学生办“读书小报”,及时积累好词好句,写读书感悟,主动积极地与他人分享成果。通过展示阅读成果,激发儿童的阅读兴趣,提高阅读的积极性。

五、课程评价

课外阅读指导评价的目的,不仅是为了证明学习语文综合能力的实现程度,更重要的是为了提升学生对语言的感悟能力,从而有效地促进学生的发展。因此,本课程在评价方式上,要求做到形成性评价及终结性评价相结合,多元评价模式共同实行。课程学习中进行四至六次小组合作学习互评,并进行学习结果展示。

（一）检测评价

教师可以指定阅读书目,要求学生统一阅读,然后集中进行阅读效果检测,可以是口头测试,如朗诵其中的精彩片断;可以是笔试,考察学生对文章的理解;还可以是撰写读书体会进行。通过检测,了解学生的课外阅读情况。

（二）展示评价

收集学生的阅读成果,包括读书笔记,积累的好词好句,甚至做满阅读者标记的书籍等。然后集中展示学生的阅读成果,让学生介绍自己通过阅读获得的知识,向同学推荐自己喜爱的书籍,激励全体同学积极投入到阅读活动中去。

（三）寄语评价

组织学生交流自己的阅读方法和阅读体会,让学生之间相互评价,撰写"同学寄语"、"老师寄语",对被评者的阅读方法和阅读效果做有针对性的描述,提出建议,帮助学生认识自我,改进阅读方法,提升阅读效果。

（撰稿：魏秋凤　陈韵然）

课程 2-6

快乐作文

一、课程背景

作文是小学语文教学的重要内容,是学生用文字表达自己思想感情的一种创造性的活动,是文字与思想的巧妙结合与激扬。好的作文各有特色,记叙文波澜起伏,科幻文构思新奇,散文生动细腻。它要求材料真实,立意新颖,情感真实。这就要求学生不仅要有深厚的阅读积累,还要有丰富的生活经验和情感体验,有独立的思想和良好的思维能力。

学生作文的过程,是提炼语言文字的过程,它要求学生精心琢磨如何遣词造句,提高语言表达能力。学生作文的过程,也是一个凝炼思想的过程,它要求学生谋篇布局,理清思想的表达线索,思维清晰,情感真实。学生作文的过程,还是一个升华情感的过程,它使学生重新认识生活中的人和事,发现真善美,鞭挞假丑恶。由此可见,作文对提高学生的综合素质有着非常重要的意义。

本课程的理念是:积累素材,快乐写作。快乐作文的目的在于培养学生的写作兴趣,发展学生的个性特长,让孩子们快乐读书、快乐写作、快乐成长,提升学生的文化素养。引导学生通过观察、调查、访谈、阅读、思考等多种方法搜集生活素材,关注学生修改作文的态度、过程、方法,引导学生自改和互改,取长补短,提高作文水平。

二、课程目标

1. 初步掌握一些作文技巧,包括遣词造句,谋篇布局,能运用在课堂作文中。

2. 能结合生活素材写记事类的作文,享受作文的快乐,培养观察、提炼和表达能力。

三、课程内容

本课程主要以写作素材积累,学会写作,提高学习能力。共分为 4 个模块:

模块一:拟题

好的作文题目就是文章的题眼,是给阅读者把握文章中心思想的一双慧眼。拟题时要考虑到文章体裁特点、题材内容、感情基调、文字表现,力求恰切、精短、新颖、生动、醒目,富有情趣和吸引力。对于给定题目的作文,要引导学生学会审题,弄清题眼和题限。题眼体现文章的主要内容,题限体现文章的范围,如《童年趣事》题眼是"趣事",题限是"童年"。要让学生掌握拟题和审题的方法,在作文中灵活运用。

模块二:构思

作文构思,就是谋篇布局,围绕要表达的思想情感,思考怎么组织素材和怎么进行表达的过程。它是一个围绕中心展开的有层次、系统性的整体思维活动。作文构思求别致,要表达自己的独特感受,抒发真感情,引人入胜。

模块三:开头与结尾

好的作文开门见山,直入主题,可以运用诗句或格言增加其吸引力。结尾要注意呼应开头,点明中心,深化主题,使作文精彩、灵动。

模块四:语言

作文的语言表述要求流畅、精彩、鲜活,表达自己的所见所闻所感,畅所欲言,可以使用拟人、排比、比喻等修辞手法让作文生动有趣,还可以使用成语、歇后语、谚语等,让作文语言平实,通俗易懂。

四、课程实施

本课程以五年级学生为实施对象,共 18 课时。具体实施方法如下:

（一）阅读积累法

组织学生阅读经典名著，进行语言积累。学生根据自己制订的阅读计划，在课余时间每天自由阅读自己喜欢的书，或别人推荐的文章等，完成读书卡，积累名词佳句。定期展示交流，相互学习、相互借鉴，取长补短、共同提高。

（二）示范讲解法

教师讲解作文的方法，必要的时候写下水作文，展示如何写好一篇作文。可以围绕作文的几个关键环节，逐个突破，训练学生如何拟题、谋篇、开头、结尾和遣词造句。

（三）作品欣赏法

指导学生赏析经典名篇，分析名家的文章是怎么谋篇，怎么开头，怎么结尾，怎么遣词造句。必要的时候要求学生进行仿写，体会名篇的精妙之处。

（四）榜样示范法

推荐学生优秀作文，对学生作文中的闪光之处进行及时点评，并在宣传栏展示，以此调动学生的写作兴趣。用已改好的作文再与大家分享，对写得突出的同学进行表扬，激励全体同学用心写好作文。

五、课程评价

本课程主要以激励性的评价为主，具体的方法如下：

（一）定性评价

通过"我这样评价自己"、"我们这样评价小组成员"、"老师寄语"等形式，对学生的作文进行精准点评，提出改进建议，指导学生修改，提高作文水平。

（二）星级评价

对学生的作文进行星级评价，让学生明白自己的作文水平，自我反思，确定目标，不断提高。主题鲜明，内容具体，表述清楚，修辞手法恰当，评为三星级；主题鲜明，内容具体，表述清楚，评为二星级；内容真实，但主题不突出的,评为一星级。

(三)展示评价

教师注意收集学生作文中的优秀作品,还可以组织作文竞赛,发现好的作品,定期进行展示。可以让优秀作文的作者介绍自己的作文心得,启发全体学生,发挥榜样的示范激励作用。

(撰稿:罗　娴　梁淑贤)

课程
2-7

国学经典诵读

一、课程背景

国学,是以先秦经典及诸子百家学说为根基,涵盖了两汉经学、魏晋玄学、隋唐道学、宋明理学、明清实学和先秦诗赋、汉赋、六朝骈文、唐宋诗词、元曲与明清小说并历代史学等一套完整的文化、学术体系。国学经典是民族精神的源头,传承了民族文化基因中的最高智慧,是培养民族文化自信的根基,也是民族精神的纽带。

国学经典名篇佳作篇目繁多,文章内涵丰富,语言精练,句式齐整,富有韵律,易于诵记,美不胜收。让学生从小诵读经典占文,不仅能拓展他们的知识面,培养学生的语感,打下扎实的文学功底,激发对文学的兴趣爱好,还能提高学生的人文素养,激发爱国主义情感,陶冶情操和审美情趣。小学生正处于记忆的黄金时期,也是学习语言、积累文化的最佳时期,诵读国学经典对孩子的成长起着"春雨润物细无声"的作用。

本课程的理念是:吟诵国学经典,涵养人文底蕴。国学经典是进行中华民族文化精神教育的巨大宝库。组织小学生吟诵国学经典,进行国学经典启蒙教育,可以涵养儿童的国学素养,塑造少年儿童的灵魂,增强民族的自豪感和民族凝聚力,丰盈儿童的人文底蕴。

二、课程目标

1. 诵读国学经典,懂事明理,养成良好的行为习惯。
2. 在诵读中提高国学素养,陶冶情操,激发对传统文化的热爱之情。

三、课程内容

本课程主要内容是诵读比较浅显易懂的国学经典,分为古诗 20 首和《三字经》2 个模块。

模块一:古诗 20 首

根据小学低年级的识字水平,选择小学生必背的 20 首古诗进行熟读吟诵。这 20 首古诗浅显易懂,情境优美,格调清新,读起来朗朗上口,节奏明显,适合儿童熟记背诵,感悟国学经典之美。

模块二:《三字经》

《三字经》讲述了做人、做事的规则,里面有许多经典故事,蕴含着许多深刻的道理,是送给每个中国人的宝贵精神财富。《三字经》三字一句,诵读起来富有节奏感,脍炙人口、广为流传,是进行国学经典教育的启蒙教材之一。

四、课程实施

本课程是以一、二年级学生为对象,课前要准备诵读内容的 PPT。本课程共 14 课时,具体实施方法如下:

（一）文化熏陶法

利用早读、午读组织学生诵读、赏析,用经典的小故事来诠释古文深奥的哲理感受,帮助学生理解原文的主旨,培养学生对经典诵读的兴趣,并结合语文学科教学时间进行评点,让学生感受国学经典文化的魅力。

（二）亲子学习法

要求学生家长和孩子共同诵读（亲子诵读）不少于 20 分钟,可以是大人读给孩子听,也可以是孩子读给大人听,还可以是家长和孩子一起阅读。亲子学习除了读,还可以有表演、图画、唱歌等多种形式,重要的是让家长与孩子一起享受这个学习过程。

（三）诵读竞赛法

定期举办丰富多彩的"经典诵读"比赛或成果展示，以赛促学，激励学生积极投入到活动之中。诵读形式以单人、双人形式进行，要求脱稿诵读，同时用书法、歌舞、配乐或其他艺术形式进行演绎。鼓励家长参与其中，进行"亲子经典诵读"活动。

五、课程评价

本课程主要采用激励性的评价，具体的方法如下：

（一）定性评价

通过"我这样评价自己"、"老师寄语"等评价形式，针对被评者行为表现和想法作概括性描述和建议，帮助学生认识自我，发现自己的优点和进步，改正自己的不足，促进学生不断改进和提高。

（二）星级评价

开展诵读之星评比，进行星级评价。班级进行周评比，年级进行月评比，学校进行期末评比。利用星级评定，鼓励学生诵读经典，激发学生的阅读兴趣。

（三）展示评价

举办"经典诵读"比赛，通过丰富多彩的活动展示学生诵读的成果。展示过程让家长也参与进来，在诵读中体会国学经典之美。

（撰稿者：易伶云　黄华辉）

读者剧场

一、课程背景

"Readers' Theatre 读者剧场"源于"教育戏剧"。"教育戏剧(Drama-in-Education)简称 D. I. E.,是运用戏剧与剧场的技巧,进行学校课程教学的一种方式。"(张晓华)"Readers' Theatre"读者剧场,主要是由两个或两个以上的朗读者将故事改编成剧本,然后以朗读的方式呈现。在呈现过程中教师以 drama 戏剧教学法,引导学生通过听、看,整体感知阅读故事内容,边读边演体验、理解故事内容,小组合作分角色练习 Role Play 演绎故事内容,或发挥想象力,合作创编新故事,最后通过 Drama 表演的方式展示阅读效果。

"Readers' Theatre 读者剧场"模式的教学营造浓厚的阅读氛围,加深对知识点的理解和运用,有效激发学生的学习兴趣,培养创新意识,提高创新能力,让学生在阅读故事的同时,更深刻地感悟故事中蕴含的情感价值观,受到人文熏陶,形成正确的价值观。

本课程的理念是:以演促学,享受阅读。"Readers' Theatre 读者剧场"模式教学能调动学生的身体语言,让学生边读边演,以演促学,体会阅读的乐趣,掌握阅读的方法,养成爱阅读的良好习惯,为终身学习打下良好的基础。

二、课程目标

1. 学习小诗、歌谣,掌握基本的语音、语调知识,培养语言学习意识,养成良好的阅读习惯。

2. 欣赏阅读英文故事、绘本和经典名著,进行英语诗歌剧表演,激发英语学习兴趣,获得成功体验。

三、课程内容

本课程主要是通过戏剧表演的形式进行英语阅读学习,分为了解剧场模式、培养表演技巧、课本剧表演、经典短剧排演和英语活动展演等5个模块。

模块一:了解剧场模式

学生整体感知读者剧场学习模式,了解剧场模式的功能,掌握自我介绍的文体框架,制定读者剧场常规(rules),形成规范。

模块二:培养表演技巧

依托广州版小学英语教材内容,利用教材里的诗歌、顺口溜等进行规范的语音语调培训,运用 TPR 游戏、Drama 游戏、VAK 教学方式,训练学生的表演技巧,重点在不同声调、面部表情、肢体语言等方面的表现技巧。

模块三:课本剧表演

结合广州版英语教材四、五、六年级 Story time 的教学,选择学生感兴趣的内容进行课本剧表演。可以对原著进行适当改编,或者创编。也可选择攀登英语分级阅读之一级、二级系列绘本,引导学生阅读绘本,选择合适的绘本进行排演。

模块四:经典短剧排演

阅读经典名著短剧,如《白雪公主》、《灰姑娘》等,了解西方文化,比较中英文化的区别,引导学生排演经典名著短剧进行表演,锻炼学生语言的综合运用能力。

模块五:英语活动展演

搭建平台,让学生分组进行诗、歌、剧展演活动,多元展示英语学习的效果,鼓励家长参与活动,让学生快乐成长。

四、课程实施

本课程是以三、四、五年级学生为对象,要准备绘本、电脑、音响、电子屏幕等教学器材,学生需要自制道具,共 16 个课时。具体实施方法如下:

(一)"磨耳朵"法

利用多媒体工具,如 App、QQ 群、微信群等途径,为学生推送优美动听的诗歌诵读音频和视频,组织儿童欣赏,营造英语听的学习环境,让孩子在聆听中浸淫,培养语感,达到"磨耳朵"的效果。

(二)游戏学习法

在课堂教学里采用 TPR 游戏,开展系列 Dramatic play(听、看、做三合一)学习活动,激发学生的想象力,训练肢体语言表现力,丰富面部表情,培养表演技巧。

(三)合作学习法

将学生分成若干学习小组,在小组内进行角色扮演,开展有效的合作学习,相互帮助,张扬个性。在合作学习中注意引导学生认真倾听别人的发言,学习他人的优点,改进自己的不足。

(四)成果展示法

拍摄小视频,分享给家长,分享到班级微信群、QQ 群,大家一起投票,选举最佳表演奖,最佳语音奖等,激发学生的学习热情。鼓励学生在学校艺术节等大型活动中进行展演,多方面展示学习成果,获得成功感,激励学生主动学习英语。

五、课程评价

本课程以激励性的评价为主,具体的方法如下:

(一)展示性评价

依托学校举办的不同文化节、活动日等项目,合作排演英语节目,以英语合唱、戏剧表演等形式展示个人风采,获得成就感,让童心飞扬。

（二）分享性评价

在英语学习中,让学生分组表演,并分享表演感受,促进生生主动交流,相互学习。教师要引导学生学会欣赏他人,并对表现突出的学生给予正面鼓励,提高学生进行分享交流的积极性。

（三）评选性评价

评选最佳合作学习小组与最佳个人,激励学生主动学习。最佳合作学习小组主要评价小组在合作学习中的表现,鼓励学生相互学习,学会合作。最佳个人可以分为最佳语音、最佳表演、最佳主角、最佳配角等奖项,鼓励学生张扬个性,展示个人特长,发挥榜样的示范激励作用。

（四）即时性评价

在英语剧中的排练表演中,教师注意发现表现良好的同学,及时给予肯定和鼓励,为全体学生的学习指明方向,树立榜样。对于存在问题的学生,要及时提醒,改正不足,共同发展。

（撰稿：林裕姗）

課程
2-9

口语交际

一、课程背景

英语口语是英语母语国家普遍应用的口头交流的语言形式,英语文学作品中也常以书面形式记叙英语口语。英语口语灵活多变,多因场合与发言者不同而被自由使用。在我国,英语口语的价值越来越受到重视,浸泡式英语学习法由于其实用高效,逐渐成为人们广为认可的英语口语学习方式。

在小学一年级实施英语口语课程,不但能提高儿童日常生活中的英语口语交际能力,而且能促进儿童主动思维、大胆实践,发展自主学习能力,形成积极的情感态度和跨文化意识的过程。随着儿童英语口语表达能力的提高,儿童在各种交际活动中表达自如,能促进综合语言运用能力的提高,推动英语核心素养的形成。

本课程的理念是: Happy Learning,Confident Speaking。通过英语口语学习掌握一定的英语基础知识和听、说、读、写技能,提高综合语言运用能力。在快乐学习中树立自信心,能大胆使用英语与人交流。养成良好的英语学习习惯,培养自主学习的能力和合作精神。

二、课程目标

1. 掌握一定的英语基础知识和听、说技能,能用简单的口语进行交流,形成初步的综合运用语言能力。

2. 了解中西方文化的差异,拓宽视野,对英语学习感兴趣。

三、课程内容

本课程的主要内容是英语日常生活用语,分为课堂用语、日常英语和情景英语等 3 个模块。

模块一:课堂用语

本模块主要学习简单的课堂用语,学习内容包括 Beginning a class(开始上课)、In class(课堂上)、Class is over(下课)等情境下的英语口语。通过本模块的学习,学生基本能熟悉英语的课堂常规,听懂老师的课堂指令。

模块二:日常英语

本模块主要学习简单的日常用语,学习内容包括问候语、礼貌用语、答谢和答应语、道歉语和告别语等。通过本模块的学习,学生能运用简单的英语进行日常问候和交流。

模块三:情景英语

本模块主要学习日常生活中常见情景的小对话,学习内容包括个人信息、友好往来、家庭生活、学校生活、运动与健康等。通过本模块的学习,学生能与他人用英语简单谈论个人信息、家庭生活、学校生活等。

四、课程实施

本课程是以一年级学生为对象,要准备攀登英语光盘、日常英语丛书、电子教学设备等,共 16 课时。具体实施方法如下:

(一)视听法

在英语口语学习的初始阶段,通过视听法,把学生放在一个真实的语言环境里面,通过现代教学辅助手段,让学生一边看画面,一边练习听说,身临其境地学习英语,把看到的情景和听到的声音自然地联系起来,使学生更好地融入学习英语的氛围之中。

(二)交际法

在学习过程中,教师把书面材料变成口语材料,把教学材料变成生活实际,把教学活动变成交际活动。通过小组讨论、采访、两人对话、角色扮演等交际形式促使全体学生积极参与,努力为学生创设用英语口语解决实际问题的机会,培养听、说、读、写技能。

（三）表演法

教师要像导演,把每一篇教学材料看作一个创作剧本,通过设计和导演,让学生演出生动活泼的话剧来。学生通过参与表演活动,既活用了自己所学过的知识,又能锻炼发散性思维,提高灵活运用英语的能力,感受英语学习中的成功。

（四）展示法

教师积极创设生活情境,模拟真实的生活场景,让学生用情景会话、英语板报展、英语舞台剧等把所学习的知识展示出来。这样不仅能把学习的内容活学活用,同时也能提高学生学习英语的兴趣。

五、课程评价

本课程主要以激励性的评价为主,具体的方法如下:

（一）定性评价

通过"我这样评价自己"、"老师寄语"、"家长寄语"等对学生的语音语调、语言表达能力、学习态度等作出恰当的评价,以帮助学生进一步改进与提高。

（二）星级评价

通过评定星级的方法,对学生语音语调是否优美、语言是否流畅、是否大胆自信敢开口等方面的表现进行评价,激励学生积极学习、大胆使用英语开展交际活动。在情景中运用恰当的语言进行沟通,培养学生的交际意识。

（三）展示评价

举办"我是口语小达人"、"英语小剧场"、"攀登之星"等展示活动,通过现场口语比赛让学生感受学习的乐趣,增强学习的自信心。

（撰稿:马少芳）

Sight words

一、课程背景

    Sight words 就是儿童初级阅读的常用单词,共有 220 个,是由美国学者 E. W. Dolch 对英语儿童读物做了统计分析后整理出最常被使用的 220 个单词,分为五个 levels,所以这 220 个单词被称为 Dolch Sight Words。另外,Dolch 亦列出童书中最常出现的 95 个名词 Dolch Nouns 来搭配 Sight words 学习,对初阶英语学习者是不可缺的基础。

    Sight words 在孩子早期阅读的书本中占了单词总量的 60%—85%。在指导孩子阅读之前,若能先学习 Sight words,英语教学的过程就会更加顺利。尤其是一些特别注重 Sight words 认识的读本,能更有效地培养孩子阅读能力,激发阅读兴趣。美国知名儿童文学作家 Dr. seuss 将 Sight words 的作用发挥得淋漓尽致,他创作的儿童读本"The Cat in the Hat"被拍成电影《魔法灵猫》,读本用词简单,故事内容生动有趣。只要具备 Sight words 能力,一般初学英语者也能轻松阅读,享受阅读的乐趣。

    本课程的理念是:乐学词汇,享受阅读。Happy learning, happy reading。阅读关于 Sight words 的绘本,可以培养孩子的阅读能力,激发阅读兴趣。孩子在阅读之前,先学习 Sight words,英语教学的过程就会更顺利。只要具备 Sight words 能力,便能轻松享受阅读的乐趣。

二、课程目标

1. 会认读 Sight words,能阅读简单的英语绘本。
2. 能说唱与 Sight words 相关的儿歌,学会见词读词的方法。

三、课程内容

课程以广州版英语教材一、二年级的高频词为基础,综合攀登英语口语教材 1A,1B,2A,2B 的内容,分描述家庭成员用语、参观住处用语、学校生活用语、家庭生活用语、描述动物用语和饮食交际用语等 6 个模块。

模块一:描述家庭成员用语

本模块学习的单词包括:名词 father, mother, sister, brother baby, grandpa, grandma;形容词 short, tall, big, small;数词 one, two, three, four, five, six, seven, eight, nine, ten;冠词 this, that, the 等。

模块二:参观住处用语

本模块学习的单词包括:名词 house, bedroom, kitchen, living-room, washroom;动词 Let's, play, have fun, come on;代词 I, it, me, my, we, you, he, your all, our, she, they;方位副词 where, here, there;冠词 this, that, the 等。

模块三:学校生活用语

本模块学习的单词包括:名词 book, bag, room, bed, desk, chair, floor, door, wall;方位副词 in, on, under, behind;代词 it, me, my, we, you, your, he;动词 make, draw, put, look, get, is 等。

模块四:家庭生活用语

本模块学习的单词包括:名词:sofa, closet, sink, toilet, TV, ball, scooter, ball, table, fridge. 代词:I, you, your, he, she, me, my, it. 冠词 this, that, the. 动词:is, tell, draw. .副词 about, too, again, well.

模块五:描述动物用语

本模块学习的单词包括:名词 spider, frog, turtle, mouse, sheep, dog, rabbit, elephant, duck;动词 feed, come, wash, please, have, are, skip, like, move, swim, show, is, are, cut;形容词 scary, fast, slow, furry 等。

模块六：饮食交际用语

本模块学习的单词包括：名词 apple，milk，cake，banana，juice，orange，hamburger，chicken，French fries，water，ice-cream；动词 want，cook，like；形容词 red，green，yellow，pink，orange，brown 等。

四、课程实施

本课程实施对象为一、二年级学生，需要准备电脑、音响、电子屏幕等教学器具，共需 10 课时。具体实施方法如下：

（一）图片教学法

小学生喜欢接受具体、直观的事物，形象思维丰富。图片具有直观性，不用语言解释就可以让学生一目了然。因此，课堂上是使用色彩丰富的图片教授 Sight words，利于学生加深学习印象。

（二）歌谣教学法

"音乐是人生最大的快乐。"小学生爱说、爱唱，把歌曲引入 Sight words 教学，可以在最短的时间激发学生学习兴趣，降低学习难度，增强记忆效果。

（三）短文教学法

根据"词不离句，句不离篇"教学原则，把 Sight words 融入到短文中，学生整体感悟 Sight words 在语言中的运用。利用小短文学习 Sight words，培养学生初阶的英语阅读能力。

（四）绘本教学法

故事是孩子成长的需要，绘本故事融合了图画、文字、情境，在 Sight words 短课教学中，合理运用绘本故事引导学生学习，有利于发展学生的 Sight words 认读能力。

（五）家校互动法

任课教师可以通过微信群或者 QQ 群，邀请家长们加入该群，建立与家长的联系平台，及时和家长进行便捷有效的互动，构架家校沟通与共学之桥梁。

五、课程评价

英语课程的评价应根据课程目标与要求，采用科学、合理的评价方法，对教学的过程和结果进行及时、有效的监控，以起到对教学的积极导向作用。根据课程标准要求，本课程采用如下评价方法：

（一）测试性评价

期末组织学生进行 Sight words 专项口语过关测试，引导学生认真学习，精心准备，提升学习效率。

（二）赛事性评价

不同学期进行不同 Sight words 书写竞赛项目，通过竞赛检验学生学习 Sight words 后的输出成效，激发儿童认真学习。

（三）展示性评价

举行"认读我最棒"展示活动。依托学校举办的不同文化节、活动日等项目，将 Sight words 元素穿插其中，以不同形式呈现，可以是游戏，也可以是表演，让学生感知英语学习的简单、快乐！

（撰稿：甘美誉　谢燕红）

爱拼读

一、课程背景

自然拼读(Phonics)是指看到一个英语单词,就可以根据英文字母在单词里的发音规律把这个单词念出来。英语是拼音文字,所有的词汇都是由 26 个字母拼出来的,在成千上万的不同拼法中,常用的音素只有 44 个,这说明 26 个字母与基本音素间是有着一定关联的。但 26 个字母与基本音素之间并不是一对一的对应关系,而是一对多和多对一的复杂关系,这无疑增加了英语词汇的发音和拼写学习难度。尽管如此,人们还是总结出了很多发音规律,这些规律对于绝大多数英文词汇都是适用的,这就是自然拼读法。

在美国及很多英语国家,孩子们在学校都首先要掌握自然拼读法,在小学三年级前要将基本法则全部掌握,并成为熟练的阅读者。然后通过阅读增加词汇量,巩固字母与发音的对应关系,从而能够对不认识的词汇发音做出正确的猜想,从而真正习得这一门语言。

本课程的理念是:学会拼读,爱上英语。With a good command of Phonics, learning English becomes so easy。认识英语中最常用的音素,掌握判断单词首尾音、拆分音素以及合并音素等语音技巧,即使遇到没学过的英语单词,学生也可以见词读音。这样,学生的英文阅读能力会大大提高,减少阅读障碍,使英语学习变得生动有趣。

二、课程目标

1. 掌握 5 个元音的长、短发音以及元音组合的发音和发音规律,会拼读开、闭音节和生词,会听音写词。

2. 提高学习英语兴趣,习得韵律感以及语音意识,形成语言学习的意识。

三、课程内容

本课程的主要内容是学习英语发音,分为英文字母发音、长元音发音、辅音丛发音和自然拼读规则等 4 个模块。

模块一:英文字母发音

26 个字母可以分为 21 个辅音字母和 5 个元音字母。每个字母都基本上对应一个不同的发音。其中字母 c 和字母 k 对应同一个发音/k/,字母 y 有三个发音,分别为/j/、/ai/、和/i/。26 个字母的发音是最基础的,也是使用最广泛。学完 26 个字母的发音,就可以拼读很多简单的 CVC 单词了。

模块二:长元音发音

长元音即由 5 个元音构成的元音组合的发音。包括组合/a_e/、/ai/、/ai/发 a 的字母音/ei/;组合/e_e/、/ee/、/ea/、/e/发 e 的字母音/i:/;组合/o_e/、/oa/、/ow/发/ou/发 o 的字母音;组合/u_e/、/ue/、/ui/发 u 的字母音。长元音的发音不是一对一的对应关系,对学生来说是一个难点,教学时应该注意提高练习的趣味性,并适时总结加以巩固。

模块三:辅音丛发音

辅音丛包括双辅音、混合辅音和辅音连缀。双辅音是在单词中只发一个音的辅音组合,通常是由两个相同的辅音字母构成的。混合辅音也是在单词中只发一个音的辅音组合,通常是由两个不同的辅音字母构成的。辅音连缀则是由为 5 对/l/、5 对/r/、7 组/s/构成的辅音组合,其发音是由两个辅音共同构成。

模块四:自然拼读规则

学习自然拼读规则,除了要掌握字母及字母组合的发音,还应该进行必要的拼读训练。进行发音训练的第一步是先找元音及元音组合:每个音节都必须由一个元音发音构成。一个单词有几个元音发音就有几个音节。第二步是划分音节：划分音节遵循"两个后的原则"，即从后往前划分音节和辅音优先归后面音节的原则。最后则是拼读单词：按顺序拼读每个音节的发音，然后再整体拼读。

四、课程实施

本课程以三、四年级学生为实施对象，教学时要准备电脑、音响、电子屏幕、字母卡片、字母台历、字母绘本等。本课程共 40 课时，具体实施方法如下：

（一）歌曲童谣法

学生学唱字母音素歌曲，在轻松愉悦的氛围里提高对字母音素的熟练程度，起到"磨耳朵"的作用。大量的资源输入为孩子们的拼读学习打下坚实的基础，也为输出做铺垫。

（二）趣味拼读法

拼读技巧需要通过不断地反复训练才能得到提升。学生可以借助拼读台历、拼读卡片等形式进行拼读竞赛，促进拼读技巧的训练学习。只有通过趣味性和有意义的拼读训练才能达到最佳效果。

（三）听辨音法

学生通过寻找不同发音的单词、听音游戏等形式，学会将单词拆分为音素。单词里音素的分解和合并都是不可或缺的。听辨音是英语拼读训练的核心，也是最直接有效的途径。

（四）故事拼读法

在掌握了字母音素后，学生可以阅读有关字母音素的绘本故事，强化学习。绘本故事的拼读是有意义的阅读，能复习字母音素和拼读技巧，学用结合，相互促进。

五、课程评价

本课程以激励性的评价为主,具体的方法如下:

(一)过程性评价

在课堂教学中,教师将学生分成不同小组,进行小组评价和个人评价,做好记录。在期中以及期末时进行评奖。过程性评价关注学生的学习过程,引导学生在每一堂都坚持踏踏实实地学习,争取良好的学习效果。

(二)测试性评价

在学期末进行专门的 Phonics 口语过关测试评价。在学期末的考试中,结合 Phonics 增加拼读口语过关测试,通过考题的设置,反馈学生学习的薄弱之处,并作为接下来学习的重点,以考促学。

(三)竞赛性评价

举行 Phonics 竞赛,如"拼读大咖"、"表演 Show"等,让学生在竞赛中最直接、最有效地输出学习成果。学生都有很强的表现欲望,都想要表达自己,获得成就感。竞赛性评价能够激励学生,为学生提供更多展现自我的机会。

(四)项目式评价

依托学校举办的节庆活动,将 Phonics 元素穿插其中,以不同形式呈现,可以是游戏,也可以是表演,让孩子们走出课堂,让 Phonics 走到孩子们的生活中去。

(撰稿:魏静思　黄丽梅　罗慧娟)

第三章

思维是智慧最本真的行走

笛卡儿说:"数学是人类智慧皇冠上最灿烂的明珠。"数学是跳动的音乐,用简洁的符号奏出大自然优美的旋律之歌;数学通向自由的使者,打开了通向科学的大门;数学是理性的光芒,使人类的思维得到最为可靠和完美的演绎;数学是谜一样的热情,让每一个沉醉其中的人无法自拔。数学是苏绣、是端砚,也是高楼大厦……它滋养儿童的智慧生命,让儿童精细、严密、确定、执着,无可辩驳!

黑格尔说:"数学是上帝描述自然的符号。"数学是最简洁的语言,用抽象的符号,描绘出世界的繁杂,宇宙之大,粒子之微,火箭之速,化工之巧,地球之变,生物之谜,都离不开它;数学是最为确切的语言,它用绝对可靠和无可争辩命题,为一切学科提供思想、语言和方法;数学是最美的语言,时常变幻为高亢的旋律、优雅的小诗和精彩的图画。数学是一种理性的精神,正是这种精神,鼓舞并驱使人类的思维得以运用到最完善的程度,亦正是这种精神,试图决定性地影响人类的物质、道德和社会生活;试图回答有关人类自身存在提出的问题;努力去理解和控制自然;尽力去探求和确立已经获得知识的最深刻的和最完美的内涵。数学还是一种历久弥新的文化,它一次次崩塌,又一次次重构,让无数人沉醉其中无法自拔。

数学是研究现实世界中的数量关系与空间形式的一门科学,对提高人的推理能力、抽象能力、想象力和创造力等方面有着独特的作用。数学素养是现代社会每一个公民所必备的基本素养,是人们通过数学学习建立起来的观察世界、思考世界和表达思想的能力,通常表现为人们与周围环境产生相互作用时所使用的思考方式和解决问题策略。培养小学生数学素养最重要的途径就是加强数学思想以及数学方法的教学,引导学生学会用数学方法和数学思想去思考并且解决问题。小学儿童的学习活动,不仅是一个知识积累的过程,更是智慧成长的过程。通过数学课程的学习,初步掌握一些学习方法和基本的思维策略,提高运用数学的能力,学会用数学思维思考问题、解决问题;乐于倾听,学会欣赏他人的思维成果,善于借鉴他人的思维成果来启迪自己的智慧;在数学游戏与实践探究活动中感受到成功的快乐,产生强烈的探究欲。学校和教师不仅是知识的传播者,更应该是学生潜能的激发者和聪明才智的培养者。让小学生经历丰富而有趣的数学实践活动,是启迪儿童的智慧重要途径。

《义务教育数学课程标准》指出,数学课程内容要反映社会的需要、数学的特点,要符合学生的认知规律。它不仅包括数学的结果,也包括数学结果的形成过程和蕴涵的数学思想方法。课程内容的选择要贴近学生的实际,有利于学生体验与理解、思考与探索,处理好过程与结果、直观与抽象、直接经验与间接经验的关系。我校依据课程标准要求和学校实际,开发了"神奇的魔方"、"百变七巧板"、"巧算24点"、"快乐的数独"、"巧移火柴棒"等思维智趣系列课程。这些课程内容主要涵盖了数学游戏、数学史话、数学实践等内容。数学游戏、数学实践的引入,增强学生学习的兴趣,让他们意识到数学有很多与生活实际联系紧密的知识,促进他们的思维发展。数学史话能增强学生对数学历史的了解,扩大学生的知识面,激发他们继续探索的欲望。这些课程一个突出的特点是实践性,特别强调让学生动手操作,通过实践开展探索与研究,是对国家课程的必要补充和完善。小学儿童的思维以直观形象思维为主,抽象逻辑思维正逐步形成与发展,让儿童动手操作,有助于帮助学生展开思维活动,积累思维实践活动经验,以外部的物化活动促进儿童内部言语活动的展开,逐步形成自己的思维策略。

儿童的数学学习应当是一个生动活泼的、主动的和富有个性的过程。教师要留出足够的时间和空间让学生进行观察、实验、猜测、计算、推理、验证等活动,动手实践、自主探索、积极思考,这样儿童才能真正理解和掌握基本的数学知识与技能,体会和运用数学思想与方法,获得基本的数学活动经验。思维智趣系列数学校本课程的实施,要注意这样几个方面的问题:一是注意提供必须的学习材料。课前要注意做好学习材料的准备,保障学生能够亲自动手操作,而不是仅仅听老师讲或者看同学动手操作。二是重视学生的动手实践。教学中要组织学生亲自动手操作,实践探究,要允许学生试误,让不同发展水平的儿童都能够参与进来,在活动中探究、思考。三是积极进行互动交流。学生动手研究的过程,其实也是一个试误的过程,不断改进、调整的过程。要鼓励学生说出自己的想法,积极展示、交流,互相学习。这样的学习过程有利于形成主动研究问题、相互促进的学习氛围,共同成长。还可以通过游戏比赛等活动激发儿童的学习兴趣。四是及时引导学生进行反思总结。在学生进行必要的尝试与探究后,教师要注意引导学生及时反思,概括其中的规律,总结思维策略与学习方法,发挥教师的主导作用。

思维智趣系列数学校本课程的实施,儿童学习数学的兴趣明显提高。由于这些课程实践性强,每名儿童都能在不同的水平上参与,使学生都能够获得成功的体验。特别是"有趣的魔方"、"七巧板"、"巧算 24 点"、"巧移火柴棒"等课程,使学生产生了浓厚的学习兴趣。同时,儿童的数学学习方式得到改善。在这些课程的学习中,动手操作与合作交流成了学习活动必须经历的过程,极大地改善了儿童学习数学的方式,使学习过程变得丰富多彩。由于这些课程与儿童的思维发展水平相适应,调动了学生主动参与,积极思考,促进了儿童思维能力的发展。

笛卡儿说:"数学是人类智慧皇冠上最灿烂的明珠。"它从远古走来,从长城走来,从金字塔走来,它是苏绣、是端砚,也是高楼大厦……它滋养儿童的智慧生命,让儿童精细、严密、确定、执着,无可辩驳!

神奇的魔方

一、课程背景

魔方,英文名为 Rubik's Cube,又叫鲁比克方块,最早是由匈牙利布达佩斯建筑学院厄尔诺·鲁比克教授于 1974 年发明的。魔方是一项手部极限运动。台湾地区称之为魔术方块,香港地区称之为扭计骰。小学儿童一般玩的是三阶魔方,通常是正方体,由有弹性的硬塑料制成。竞速玩法是将魔方打乱,然后在最短的时间内复原。魔方是一个可以变化的空间立体图形,玩魔方促进空间与图形观念的形成,并对一些数学概念如变换、群、坐标、组合等有一个直观的理解。魔方的构造及操作过程蕴含着丰富的数学思维因素,这一点也是玩魔方具有很丰富的层次感和技能技巧性的原因所在。由于魔方游戏具有较强的娱乐性和益智性,所以广受欢迎。

五年级的小学生已经具备了一定的知识和生活经验,对自然与社会现象有了一定的好奇心。此时需要教育者进行有目的的启发与引导,把学生的好奇心转换为求知欲,形成稳定的学习数学的兴趣和学好数学、会用数学的信心,"有趣的魔方"这门课程的内容是在遵循小学生认知和心理发展的基础上,为学生探索奇妙的数学世界提供有趣的数学素材,使学生的数学学习丰富多彩,充满魅力。

本课程的理念是:玩转魔方,思维碰撞。"有趣的魔方"课程的开发不仅仅是教学生还原魔方的技巧,更重要的是借助魔方让学生在玩中抽象出数学问题,构建数学模型,解决问题。儿童在玩魔方的过程中获得基本的数学活动经验,体会数学的魅力和数学思想方法的应用价值。在教学过程中要重视组织学生互动交流,学会用数学的眼光去看待魔方,在自主探究与动手实践基础上合作交流碰撞思维。

二、课程目标

1. 了解魔方发明和发展历史，对魔方的基本原理和构造有清晰的认识，能够用数学的眼光看待魔方。

2. 能够顺利地还原三阶魔方，完成一些简单的魔方图案，并能阐述其中的一些简单的道理，用数学的方法辅助求解，提高运用数学的意识和能力。

三、课程内容

本课程主要包括魔方入门、魔方构造、三阶魔方、花样玩法、数学思考5大模块，每个模块又分为魔域文化、魔方小身手两个子模块。

模块一：魔方入门

魔域文化子模块介绍了厄尔诺·鲁比克的发明、魔方的衰落和复兴；魔方小身手子模块介绍了魔方的正确捏持姿势及魔方的手法练习。

模块二：魔方构造

魔域文化子模块主要介绍好魔方的指标、竞速魔方设计理念以及魔方的润滑和日常使用；魔方小身手子模块介绍了魔方的拆解和魔方的调校组装。

模块三：三阶魔方

魔域文化子模块主要内容为 DIY 与 MOD 简介和还原魔方的道理；魔方小身手子模块介绍了还原魔方的7个关键手法：复原底层十字、底层4角块定位、第二层4个棱块定位、顶层十字、翻正顶层角块色向、顶层角块定位、顶层棱块定位。

模块四：花样玩法

魔域文化子模块介绍魔方的术语和魔方的逆容错性；魔方小身手子模块主要内容是介绍马可图案、博赛特的创造、六色同堂、德国人的发明。

模块五：数学思考

魔域文化子模块介绍魔方的故事和世界魔方记录；魔方小身手子模块介绍魔方中的数学因素和魔方中的数学启示。

四、课程实施

本课程是以五年级学生为对象，学校要准备魔方若干以及自编讲义。本课程共 18 课时，具体实施方法如下：

（一）讲授教学法

将魔方中的一些高深的知识还原为生动活泼的知识生成的过程。通过让学生了解所学的数学知识的现实背景，感知知识的产生过程。掌握解决问题的思路，知道思路形成的过程，这种方法，可以极大激发学生的求知欲和创作欲，使枯燥的数学概念演绎变得生动起来。

（二）自主探索法

自主探索式学习重点在于让学生亲自体验学习过程，其价值与其是学生发现结论，不如说更看重学生的探索过程。自主探索式学习重视让每个学生根据自己的体验，通过对魔方的观察、猜想、发现、还原的过程，学生不仅可以获得必要的数学知识和技能，还能对知识的形成过程有所了解，特别是体验和学习数学的思考方法和数学的价值。

（三）合作学习法

小组合作学习的表现形式分为两种，一种是课堂小组合作学习，一种是课外小组合作学习。其中小组成员的构成遵循组间同质和组内异质的原则，合理搭配男女比例和新手与老手的比例，实现和谐的合作和竞争的学习氛围，根据班上的人数规模，每个小组的人数确定在 4—6 人范围内。课堂小组合作学习体现在课堂探究和讨论中小组的合作，课外小组合作学习主要是通过建立网上交流平台实现。首先建立"有趣的魔方"微学习平台，开设网上学习专区、经验交流专区、学习报告专区，等等。由开课老师和学生将搜集好的魔方学习资料、学习视频上传，实现资源共享，然后设置小组学习专栏，在专栏中提出各种问题相互讨论交流,先由小组内部独立解决,解决不成功再上升到班级问题中师生共同讨论,寻找问题的解决方法。利用网络和媒体进行交流,是更广泛地利用时间、空间和资源的学习方式。

五、课程评价

"有趣的魔方"课程的评价采取量化和非量化相结合的方式,包括上课过程中的表现性评价,同时注意评价主体的多元化,不仅包括老师的评价,还包括学生的自我评价和小组成员的互相评价,促进学生主动参与、自我反思、自我发展。具体评价方式如下:

(一)分享性评价

在小组合作中,鼓励学生围绕学习内容进行讨论交流,对某一个手法、公式用自己的语言描述并操作示范。同时,在倾听别人的发言时,要思考:对方的想法和自己相同吗? 有哪些方法可以借鉴? 还可以怎么改进? 引导学生在分享交流中学会评价和相互借鉴。

(二)展示性评价

将魔方学习的成果以丰富多样的形式呈现出来,学生可根据自己的兴趣与所长,选择用数学手抄报、数学日记、数学思考小作文等不同形式展现自己的所学成果。教师可以采用多种途径展示学生的学习成果,促进学生相互学习借鉴。

(三)竞赛性评价

为营造良好的学习氛围,提高学生参与魔方游戏的积极性,可以举办魔方竞赛活动。魔方比赛分为魔方速拧还原和魔方花样拼图两项。魔方速拧还原选用三阶魔方,打乱十步以上,限时还原。魔方花样拼图则根据给定的魔方花样,限时转出指定花样。

(撰稿:戴瑞传)

课程
3-2

百变七巧板

一、课程背景

七巧板是一种智力玩具，由 5 块三角形、1 块正方形和 1 块平行四边形组成的。由于这七块板可拼成多达 1 600 种以上不同图案，所以又叫七巧板。我们可以利用七巧板拼出三角形、平行四边形以及各种不规则多边形，还可以把它拼成各种人物、动物、桥、房、塔等。

小学生用七巧板拼图，可以激发学习数学的兴趣，开发智力，锻炼动手动脑能力，启迪创造意识。通过七巧板的拼图活动，培养学生的创新思维能力、实践综合能力和空间想象能力，丰富校园的文化生活。

本课程理念是：动手动脑，创意百出。学生通过七巧板拼图，摆一摆，拼一拼，创作出不同的图形，锻炼动手操作能力，发展思维能力。

二、课程目标

1. 了解七巧板的历史知识。

2. 会用七巧板拼出不同的几何图形和非几何图形，激发学习数学的兴趣，培养创新思维能力。

三、课程内容

本课程主要包括七巧板的历史知识和用七巧板拼图，分为七巧板的历史、用七巧板拼几何图形和用七巧板拼非几何图形 3 个模块。

模块一：七巧板的历史

七巧板是中国古代劳动人民的创造发明，凝聚了劳动人民的创造智慧,其历史至少可以追溯到公元前一世纪,到了明代才基本定型。明、清两代在中国民间广泛流传,在 18 世纪,七巧板流传到了国外,开始在全世界流行。

模块二:用七巧板拼几何图形

用七巧板拼几何图形,包括用 2 块七巧板拼出不同的几何图形,用 3 或 4 块七巧板拼出不同的几何图形。用七巧板可以拼出三角形、平行四边形、梯形、正方形和长方形等规则图形,也可以拼出各种不规则的图形。

模块三:用七巧板拼非几何图形(自由创作)

用七巧板拼非几何图形,包括用七巧板拼人物、动物和其他各种创意造型。用七巧板拼人物、动物和各种创意造型时不限制七巧板的块数。

四、课程实施

本课程是以四年级学生为对象的,要准备七巧板学具。本课程共需 10 课时,具体实施方法如下:

(一)历史说说说

学生在课前自己上网搜索,了解七巧板的历史知识,课堂上学生说说各自了解到的知识,最后教师小结七巧板的历史。

(二)自主拼拼拼

学生通过自组探索,动手操作,用七巧板拼出不同的几何图形,锻炼自己的思维,感受学习数学的快乐。

(三)合作比比比

在课堂上小组合作,发挥空间想象能力,动手拼出不同的非几何图形。通过展示各小组拼的不同图形,比比哪个小组拼得多,拼得有创意,欣赏作品,激发学生的积极性,提高学生的思维和动手操作能力。

五、课程评价

本课程采用以激励为主的评价方法,具体的方法如下:

(一)分享性评价

在小组合作中,鼓励学生相互介绍自己拼七巧板的经验,能对自己的作品进行描述并操作,在分享过程中锻炼学生的数学思维及表达能力。同时要求同学认真倾听,注意评价别人的作品,要想一想别人的作品在什么地方值得学习借鉴,怎么改进自己的作品。通过讨论交流,相互借鉴,共同提高。

(二)展示性评价

将拼出来的作品以丰富多样的形式呈现出来,学生可以选择现场展示富有创意的作品,也可以拍照等不同的形式展示自己的作品。在展示的过程中,注意引导同学之间相互学习,相互借鉴。

(三)竞赛性评价

根据要求,在规定时间内,以小组为单位,小组合作,各小组现场比拼出的作品数量或创意,学生在比赛中感受数学的快乐,感受七巧板的奥妙。

(撰稿:陈娟娟)

速算 24 点

一、课程背景

24 点是传统的扑克牌游戏,用一副牌抽去大小王(初级者也可抽去 J/Q/K)后,从剩下的牌中任意抽取 4 张牌,通过加、减、乘、除甚至乘方、开方等运算把牌面上的数算成 24。每张牌用且只能用一次。如抽出的牌是 3、8、8、9,那么运算算式可以为 $(9-8) \times 8 \times 3 = 24$。这种游戏简单易学,健脑益智,独具数学魅力,逐渐被越来越多的人群所接受和欢迎。

小学生玩 24 点游戏不但能够提高计算能力,而且能够提高思维的敏捷性和灵活性。面对随机抽出的一组数,通过运算组合使其结果为 24,学生需要对数进行巧妙的排列组合,合理安排运算顺序才能达成目标。由于 4 个数是随机出现的,每次难易程度不一,不同数学发展水平的儿童都能在里面体验到成功的快乐,也会遇到艰难的挑战,有利于激发儿童的兴趣。

本课程的理念是:巧算 24 点,享受学习乐趣。本课程通过同学之间比一比、赛一赛等活动,让学生体验 24 点的巧算乐趣,提高速算能力,培养思维的灵活性和敏捷性。同时,在这个过程中挑战自我,体验成功的快乐。

二、课程目标

1. 了解 24 点的发展历史,掌握 24 点的游戏规则。

2. 能够巧算、速算 24 点游戏,提高四则混合运算的能力,激发计算兴趣。

三、课程内容

本课程内容包括"24 点游戏"来历、玩法等内容,主要包括 24 点发展史介绍、初步掌握 24 点玩法和速算 24 点 3 大模块。

模块一:24 点发展史介绍

学生通过网络搜索、向家长咨询等方式了解什么是 24 点,学习有关 24 点游戏的来历及基本规则。老师利用 PPT 向学生介绍 24 点的背景及发展史。

模块二:24 点游戏规则入门

组织学生学习 24 点游戏规则。可以进行小组合作学习,将学生分成若干小组,会玩 24 点游戏的学生向不会的学生介绍游戏的基本玩法,并尝试进行游戏。在此基础上,让各小组学生代表介绍本小组对游戏规则的理解,说说在游戏中应注意的问题,以及其中的技巧。通过合作探究,总结规律,形成共识。

模块三:速算 24 点

组织学生分小组开展 24 点游戏,逐步提高游戏熟练程度,并总结出其中的一些常用技巧和规律,提高思维的灵活性。一般常用规律是把牌面上的四个数转化成积、和、差、商是 24 的数对。我们可以把牌面上的四个数转化成乘积是 24 的数对,如 3 和 8、4 和 6、12 和 2、24 和 1。也可以把牌面上的四个数转化成和是 24 的数对,如 11 和 13、10 和 14、9 和 15、8 和 16 等。还可以利用把牌面上的四个数转化成差或商是 24 的数对。有时候也可以利用特殊数字 0、1 的运算特性求解。如 3、4、4、8 可组成 $3 \times 8 + 4 - 4 = 24$ 等;又如 4、5、J、K 可组成 $11 \times (5 - 4) + 13 = 24$ 等。通过巧算 24 点游戏,提高学生对四则混合运算的熟练程度和思维的灵活性,同时也加深对 0 和 1 这样的特殊数字的特性认识。

四、课程实施

本课程是以三年级学生为对象,课前要准备扑克牌等游戏道具。本课程共 10 课时,具体实施方法如下:

(一)知识点拨法

先通过网络查找、向家长咨询等方式了解什么是 24 点游戏,再通过老师讲授 24 点游戏的发展史,让学生了解 24 点游戏的来源,激发儿童的兴趣。在学生遇到困惑时,教师可以进行必要的点拨和讲解,让学生了解如何玩这个游戏。

(二)自主探索法

在教师讲解 24 点游戏规则的基础上,让学生自己尝试玩 24 点游戏,经历运用四则混合运算解决问题的过程,总结其中的方法技巧,体验灵活运用知识解决问题的快乐,学习数学思考的方法。

(三)合作学习法

组织学生开展合作学习时,小组成员的划分遵循组间同质和组内异质的原则,即各个组之间游戏水平相当,各个小组内个体能力可以有差异,同时注意合理搭配男女比例。这样有利于小组内合作,共同进步,小组间开展竞争,相对公平。根据班上的人数规模,每个小组的人数确定在 4～6 人范围内。

五、课程评价

本课程重视评价的多样性,一是评价主体多样,不仅有老师的评价,还有学生的自评和小组成员的互评,促进学生主动参与、自我反思、自我发展;二是评价形式多样,可以通过比赛评价,还可以通过办手抄报、写数学日记、交流游戏心得等形式进行评价。

(一)分享性评价

在合作学习的过程中,鼓励学生互相围绕 24 点的巧算进行讨论交流,说说自己的解题方法,谈谈自己对其中规律的认识,对自己的运算过程进行反思自评,对同伴的运算速度和准确性进行互评,相互借鉴,共同提高。

（二）竞赛性评价

举办24点比赛。比赛分为初赛、决赛两个环节。初赛以笔试形式进行(15分钟20题),重在组织全班学生共同参与,共同提高。决赛取初赛前50％的学生分组对抗,现场抽题口算竞赛,逐轮晋级,提高竞赛的趣味性和激励性。

（三）展示性评价

学生可根据自己的兴趣与所长,把自己学习24点游戏的方法或学习心得用手抄报、数学日记、数学小作文等形式展现出来。老师组织全班欣赏并评选出优秀作品进行展示、奖励。

（撰稿：张苑玲）

課程
3-4

小小建筑师

一、课程背景

　　搭积木是一款益智类物理游戏,游戏中蕴含丰富的物理学和几何学原理,需要运用聪明才智,想尽办法将长方体、正方体、圆柱体、球等各种形状的积木堆起来,搭成人物、桥梁、房子、游乐园等各种创意造型。或者用来玩叠叠高、多米诺骨牌等游戏。

　　搭积木有助于开发智力,训练孩子手眼协调能力,在搭建中遇到排列、接合、对称等环节都对孩子的智力有很好的益处。同时,还可以激发孩子们的学习兴趣,锻炼他们的动手动脑能力,提高观察能力。通过搭积木的活动,培养学生的创新思维能力和空间想象力。

　　本课程的理念是:搭出创意,玩出特色。搭积木的课程开发主要是借助积木让孩子在玩中构建数学模型,搭出自己的创意,同时利用积木进行一些有趣的游戏,从小培养孩子团队合作精神。

二、课程目标

　　1. 了解搭积木的基本原理,加深对长方体、正方体、圆柱体、球等立体图形的认识。

　　2. 会用多种不同类型的积木搭建实物、人物,进行叠叠高游戏,培养想象力、创造力以及协调能力,激发学习兴趣。

三、课程内容

　　本课程主要包括用积木搭建人物、实物和叠叠高游戏等内容,分为搭建实物、搭建人物和叠叠高游戏 3 大模块。

模块一：搭建实物

利用长方体、正方体、圆柱体、球等各种立体图形拼出不同形状的物体，如房子、桥梁。还可以根据自己的创意去搭建出一组生活场景，如家里的客厅、学校的教室。搭建这些场景，有助于培养儿童的空间观察能力和想象力。

模块二：搭建人物

利用长方体、正方体、圆柱体、球等各种立体图形去拼出不同的人物。可以是搭建一个独立的人物，还可以通过搭建一组人物，再现生活场景。搭建这些生活场景，有助于发展儿童的空间观察能力和想象力。

模块三：叠叠高游戏

利用长方体、正方体、圆柱体以及球等这些立体图形搭积木，看谁叠得最高而没有倒下来。还可以用长方体玩多米诺骨牌游戏。这两种游戏，都有利于培养儿童的手眼协调能力，促进大脑的发育。

四、课程实施

本课程是以一年级学生为对象，要准备积木等学习用具。本课程共 14 课时，具体实施方法如下：

（一）知识讲授法

讲授积木中的一些搭建的方法，如怎么搭建比较稳固，如何搭建可以组成不同的模型。同时介绍每一种立体图形的特点，便于在搭建过程中能准确使用。讲授的时候，要进行必要的示范，并指导学生进行操作练习。

（二）自主探索法

明白基本的搭积木方法后，要让学生自己在搭建过程中亲身体验，通过对积木的观察、猜想、大胆想象、创新，搭建不同的积木图案。在学生自主探索过程中，教师要加强巡视，并给予必要的点拨和指导。

（三）合作学习法

根据班上人数的规模分成若干小组，在创意搭建时可以先由小组成员讨论要搭建的主题，给出简单的设计图，再明确分工。在多米诺骨牌游戏活动中,更需要小组合作,分工完成任务。

五、课程评价

搭积木课程评价可以采取量化和非量化相结合的方式,包括上课过程中的表现性评价,同时评价的主体实行多元化评价,包括老师的评价,学生自己的自我评价,小组成员的互相评价,是促进学生主动参与、自我反思、自我发展的过程。具体评价方式如下:

（一）交流性评价

在小组合作中,鼓励学生相互介绍自己搭积木的经验,能对自己的作品进行描述并操作示范,在分享中锻炼表达能力和操作能力。同时,要求同学认真倾听,注意思考别人的作品有什么地方值得学习借鉴,怎么改进自己的作品。通过讨论交流,相互借鉴,共同提高。

（二）展示性评价

将积木的搭建成果以丰富多样的形式呈现出来,学生可以根据各自的特长,选择自己擅长的板块进行搭建,用作品来展现自己所学的成果。在展示的过程中,注意引导同学之间相互学习,相互借鉴。

（三）竞赛性评价

为营造良好的学习氛围,提高学生参与搭积木游戏的积极性,可以举办搭积木竞赛活动。搭积木竞赛分为拼图案和叠高两项。拼图案竞赛主要看谁拼的图案有创意,并能讲述一个有创意的故事。叠高竞赛主要利用给定的积木形状,比比看谁叠得高。

（四）激励性评价

在学生搭建有创意的人物、实物等图案时,教师可以给予适当的鼓励性评价。这种鼓励,可以是一个点赞印章,也可以用一个眼神,一个会心的微笑等肢体语言表达对学生的肯定与赞赏,都会帮助学生认识自我,树立信心。

（撰稿：李永红）

巧移火柴棒

一、课程背景

　　火柴棒是常见的生活用品,利用火柴棒可以摆出数字、算式,也可以摆出各种图形和有趣的物体形状。通过移动火柴棒,可以把一个数字、算式或图形变换成另一种数字、算式或图形,如用火柴棒摆出算式 $15+12-7=0$,先让学生判断等式成不成立。再让学生试一试,怎么移动其中一根火柴棒,使这个算式成立。巧移火柴棒作为一种简单易操作的数学游戏,是提升儿童学习兴趣、促进知识掌握的有趣数学游戏活动,受到广大数学教师、特别是低年级教师的推崇。

　　一年级小学生具备了一定的数学知识和生活经验,对各种游戏活动有着非常浓厚的兴趣。让儿童玩一玩、摆一摆,巧移火柴棒,看谁摆得好、摆得巧,看谁的心灵手巧,不仅可以激发儿童的兴趣,丰富想象力,促进智力发展,还可以培养灵活、机智、不怕困难的品质。巧移火柴棒游戏遵循儿童的认知规律,为探究活动提供有趣的问题情境和可操作的数学素材,融数学知识于游戏活动中,寓教于乐,让儿童的数学活动丰富多彩,把学生的求胜心转化为求知欲,形成稳定的学习兴趣和学好数学的信心。

　　本课程的理念是:玩转火柴棒,开拓新思维。"巧移火柴棒"课程不但要让学生会按要求移动火柴棒,还要借助数学游戏加深对数量关系和空间图形的理解,学会有根据、有条理的思考。特别要注意引导学生尝试从不同的角度思考,用不同的方法移动火柴棒,反复尝试,努力用多种方法解决问题。在玩火柴棒的过程中,儿童学会用数学的眼光去分析问题,动手操作、自主探究、合作交流,获得基本的数学活动经验和基本的思维方法,体会数学的魅力和数学思想方法。

二、课程目标

1. 加深对 20 以内加减法的理解,培养动手操作能力和思维能力。

2. 加深对三角形、正方形和长方形等图形的认识,培养空间想象力,体验数学的趣味性。

三、课程内容

本课程内容是用火柴棒摆出基本的数字、算式和图形,进行变换。主要包括火柴棒数字、火柴棒图形、火柴棒花样图形和火柴棒算式 4 大模块。

模块一:火柴棒数字

通过巧移火柴棒,把由火柴棒摆成的数字转换成另一个数字,让孩子掌握基本的移动方法,增强自信。例如:

例 1:你能用火柴棒摆出下面的数字,并试着让他们相互变化吗?

儿童感受用火柴棒摆出来的数字特点,在探究中获得动手操作的经验,掌握根据需要调整火柴棒位置的基本方法,培养大胆尝试的意识和能力。

模块二：火柴棒图形

儿童学习用火柴棒摆出基本图形后，给出一定数量的火柴棒，看谁摆出的图形多。如让学生探究：摆1个三角形最少要几根小棒，摆2个三角形呢？3个、4个三角形呢？激发学生主动探究，寻找规律。

模块三：花样火柴棒

花样摆火柴棒，就是让学生根据自己的想象，自由地用火柴棒摆出不同的图案。孩子们可以选择将不同形状的物体进行排列，摆出不同的造型，培养儿童的空间想象能力，激发创造积极性。例如：

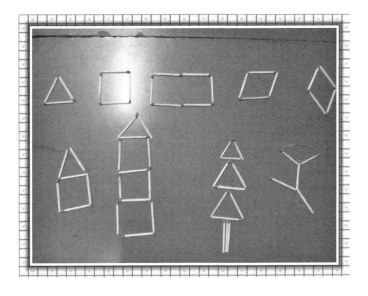

模块四：火柴棒算式

用火柴棒摆出一道算式，移动其中的1根或几根火柴棒，使等式成立。如下图，你能移动一根火柴棒，使等式成立吗？你有几种方法？移动2根呢？

四、课程实施

本课程以一年级学生为对象，课前要准备火柴棒或者塑料小棒。本课程共 10 课时，具体实施方法如下：

（一）直观讲解法

教师通过直观演示，展示怎么用火柴棒摆出基本的数字和图形，以及如何进行图形和数字的变换。这种方法主要用在学生刚接触用火柴棒摆数字和图形时，让学生对如何用火柴棒摆数字和图形有一个初步的认识，掌握基本的方法。

（二）自主探索法

学生掌握用火柴棒摆数字和图形的基本方法后，就可以让学生自主探索，进行数字、图形或算式变化的尝试。儿童根据自己的知识经验，通过对数字、图形或算式的观察，认真思考，大胆猜想，积极尝试，移动火柴棒，完成任务。自主探索式学习重点在于让学生经历从不同角度思考、尝试、探索的过程，不仅可以加深对数量关系和空间图形的认识，更重要的是体验数学思考的方法和策略。

（三）技能点拨法

儿童在自主探索过程中，由于知识经验和思维策略的限制，常常产生百思不得其解的情形，这个时候就需要教师及时进行点拨，引导学生思考。点拨时，要重在引导思维策略，鼓励学生从不同角度有根据地思考，提高思维质量，而非简单地以完成任务为目标。

（四）合作学习法

合作学习的形式有两种，一种是明确学习任务后，集体研究，找出解决问题的办法。另一种是每个同学独立思考，在此基础上交流各自的方法，相互借鉴，共同提高。教学时要统筹使用这两种不同的策略，促进学生相互学习，共同提高。

五、课程评价

"巧移火柴棒"课程的评价要注意评价主体的多元化,重视学生的自评和同学的互评,促进学生主动参与、自我反思、自我发展。具体评价方法如下:

(一)分享性评价

在学习过程中,鼓励学生围绕学习内容进行讨论交流,说出自己的想法,评价别人的做法,一是要思考这种方法是否合理,二是要思考这种方法和自己的有什么不同,自己的方法是否正确,三是要想别人的方法在什么值得学习的,怎么改进自己的方法。通过讨论交流,相互借鉴,共同提高。

(二)展示性评价

将巧移火柴棒学习的成果以丰富多样的形式呈现出来,学生可根据自己的兴趣特长,选择办数学手抄报、写数学日记、数学小作文等不同形式展现自己的学习成果。

(三)竞赛性评价

举办巧移火柴棒比赛,评出优胜奖,激励学生。比赛分为初赛、决赛两个环节。初赛要组织全体学生分小组进行,重在全员参与。复赛选取每组的优胜者参加,评出最优秀的进行展示,交流学习心得。

(四)体态语评价

用一个欣赏的眼神、一个会心的微笑等肢体语言表达对学生的肯定与赞赏,帮助学生认识自我,树立信心。在使用体态语表达对学生的肯定时,要注意动作适度,亲切自然,让学生如沐春风。体态语评价可以帮助学生与教师之间形成良好的心理关系。

(撰稿:姜晓宇)

課程
3-6

快乐的数独

一、课程背景

　　数独最早起源于中国数千年前的洛书,18 世纪,瑞士盲人数学家欧拉在九宫格的基础上发明了"拉丁方块",即今天"数独"的雏形。数独盘面是个九宫,每一宫又分为九个小格。在这八十一格中给出一定的已知数字和解题条件,利用逻辑和推理,在其他的空格上填入 1—9 的数字。使 1—9 每个数字在每一行、每一列和每一宫中都只出现一次,所以又称"九宫格"。由于数独规则简单,变化无穷,只需运用逻辑推理,所以无论男女老少,人人都可以玩,而且容易入手、着迷。

　　数独是一项充满挑战和富有个性的活动,不仅能锻炼逻辑推理能力,还能对学生的心智起到很好的锻炼效果。特别是如何正确面对失败、失败后如何重新来过的挫折训练,这正是我国基础教育中忽略的内容。它能给学生成功的机会,并训练他们缜密思维,因为在游戏中只要犯了一个错误就得从头开始。

　　本课程的设计理念是:快乐数独,智力我行。"快乐的数独"课程的开发不仅仅教会学生数独游戏,还能让学生对单调的数学产生兴趣。通过数独游戏活动,培养学生的数感、观察力、逻辑推理力和激发想象力,对提升心理素质、树立自信心有积极作用,学生在数独游戏的陪伴下能够快乐成长。

二、课程目标

　　1. 认识数独,了解数独的发展史,激发学习数学的兴趣,培养坚强的意志品质。

2. 掌握数独的游戏规则和解题技巧,培养数感、观察能力和逻辑思维能力。

三、课程内容

本课程主要包括数独简介、标准数独和变形数独 3 大模块。

模块一：数独简介

学生通过网络自行查找相关资料,初步了解什么是数独,以及有关数独的知识,教师再利用 PPT 向学生详细介绍数独是什么,数独名称的由来及数独的起源与发展。

模块二：标准数独

教师向学生介绍九字标准数独的示意图和坐标图,介绍九字标准数独的游戏规则和入门玩法,归纳总结出九字标准数独的基本解法,如排除法、唯余法等等。熟练掌握九字标准数独之后,就进入非九字标准数独的学习,如 4X4、6X6、8X8、12X12、16X16 等非标准数独。

模块三：变形数独

向学生介绍除了标准数独之外的变形数独,如无宫数独、非数字数独、连体数独等类型,引导学生学习和探究变形数独的奥秘。

四、课程实施

本课程是以 3 至 6 年级学生为对象,要准备数独游戏学具、铅笔、橡皮擦等学习用具。本课程共 18 课时,具体实施方法如下：

（一）知识讲解法

教师通过讲授,让学生知道什么是数独,讲解基本的数独技巧,引领其入门。讲解的过程中,要注意留出适当的时间让学生思考、提问、质疑,小组交流和讨论,说说自己对数独的理解。

（二）观察分析法

教会学生怎么观察数独中已经给出的数据,寻找其中的规律性。通过观察、分析,先完成简单的数独游戏,再学会根据已知条件来进行推理。

（三）合作探究法

充分发挥学生的主体作用,先让学生独立思考,再交流自己的想法,合作研究,探讨如何补充数据,培养学生的自主性和主动性,玩在其中,乐在其中。

（四）游戏教学法

将数独以游戏的方式进行展开,游戏与数学相结合,体验学习数学的乐趣,激发学习数学的兴趣。

五、课程评价

本课程要重视激励性评价,激发儿童的学习积极性。具体的方法如下:

（一）多主体评价

在评价活动中,要通过自评、同学评、家长评、老师评等多种方式开展评价,让学生学会听取不同的意见,改进自己的学习,激励每一个学生在原有水平上生动活泼地发展。

（二）交流性评价

在学习过程中,鼓励学生围绕学习内容进行讨论交流,说出自己的想法,评价别人的填法,一是要思考这种方法是否合理,二是要思考这种方法和自己的有什么不同,自己的方法是否正确,三是要想别人的方法有什么值得学习的,怎样改进自己的方法。通过讨论交流,相互借鉴,共同提高。

（三）展示性评价

学生可根据自己的兴趣特长,选择办数学手抄报、写数学日记、数学小作文等不同形式展现自己的学习成果。教师要注意引导学生学会欣赏、借鉴别人的学习成果。

（四）竞赛性评价

举办数独填写比赛,评出优胜奖,激励学生。比赛分为初赛、决赛两个环节。初赛要组织全体学生分小组进行,重在全员参与。复赛选取每组的优胜者参加,评出最优秀的进行展示,交流学习心得,并给予适当的奖励,激发学生的兴趣。

（撰稿：王秋燕）

課程
3-7

数学家的故事

一、课程背景

要成为一位受人景仰的数学家,不仅要勤于学习,善于思考,还要有坚持不懈的奋斗精神和坚定的意志。数学家的故事,不仅反映了他们勤于思考的优秀品质和坚持不懈的奋斗精神,有的还反映了他们幽默的生活态度。学习这些故事,有助于儿童了解数学家的生活与工作,激励儿童努力成为一名数学家。

本课程让学生了解中外部分著名数学家的故事,了解具有里程碑作用的数学成果及重大事件,掌握一些简单的数学思想、有趣的数学游戏,感受数学好玩、数学有用、数学是美的。学会用数学的眼光去看这个世界,用数学的头脑去解决身边的问题。学习数学家的故事,还有助于消除学习数学的倦怠,激发学生学习数学的兴趣。

本课程的理念是:小故事大道理。学习数学家的故事,可以让儿童从中了解数学家勤于思考和坚持不懈的奋斗精神,明白成功是奋斗出来的,激发学习数学的兴趣和学习热情,让数学学习充满乐趣。

二、课程目标

1. 了解数学家的故事及他们的数学贡献,从中领会到知识是经过日积月累的历史沉淀而来的,领悟到应该更加珍惜学习机会和刻苦学习知识,激发发奋学习、勇攀数学高峰的斗志。

2. 通过有趣的数学游戏,掌握一些有趣的数学课外知识,培养动脑动手的能力,享受成功的喜悦,从而提高学习数学的兴趣。

三、课程内容

本课程的内容主要是数学家的故事,分为中国数学家的故事、外国数学家的故事、自编自演数学家的故事和数学家的发现及其应用 4 大模块。

模块一:中国数学家的故事

中国许多数学家都有着十分有趣的故事,如华罗庚的与书为伴、自学成才、回祖国、小书呆子、创造生命奇迹等一系列小故事,让人了解到作为数学家的华罗庚非常真实的生命历程,还有苏步青、陈景润等中国著名数学家的故事,都能够启发学生的人生智慧,激发学习热情。

模块二:外国数学家的故事

外国数学家也有着很多有趣的故事,如德国数学家哥德巴赫的数学猜想,泰勒斯的数学贡献和天文学发现,高斯与费迪南公爵的故事等。这些故事不仅反映数学家的勤于思考,还展示了数学如何做人做事的另一面,让人深受启发。

模块三:自编自演数学家的故事

学习数学家的故事,对数学家有一定的了解后,让学生自选人物,自编剧本,表演数学家的故事,内容要积极向上,情感真实,让学生身临其境,感受数学家的学习成长,更深刻地爱上数学。教师要说清楚表演要求及注意的细节问题,做好指导。

模块四:数学家的发现及其应用

这个模块的学习内容很有趣,其中有动手验证猜想的游戏,如神奇的莫比乌斯带及其在生活生产中的应用。还有著名数学家的发现及应用,如祖冲之的圆周率、高斯定理、泰勒斯的圆与三角形定理等。通过学习数学家的发现及其应用,引导学生遇到问题学会积极动脑,联系生活,在实践中验证自己的想法,提高解决实际问题的能力。

四、课程的实施

本课程是以四年级学生为对象,共 20 课时,具体实施方法如下:

（一）知识讲授法

通过讲授,让学生知晓著名数学家的学习、成长故事,了解他们成长和取得研究成果的过程。学生要认真听讲,动脑思考掌握所讲知识,掌握解决问题的思路,知道思路形成的过程。

（二）故事赏读法

请朗读能力比较强的学生有感情朗读故事,可以配上优美的音乐,营造一种身临其境的氛围。学生认真倾听,可以激发学生的求知欲和学习兴趣,使枯燥的数学概念演绎变得生动起来。

（三）自主探索法

自主探索式学习重视让每个学生根据自己的体验,通过对游戏实践的观察、猜想、发现和实际操作的过程,获得必要的数学知识和技能,了解知识的形成过程,掌握数学的思考方法,感受数学的价值。

（四）角色表演法

学生分角色表演数学家的故事,用自己的动作、神态和语言把故事演绎出来,既增强学生对数学的学习兴趣,又使学生感受表演的快乐,培养学生的表演艺术,更重要的是能让学生从中学习到一丝不苟的学习态度。

五、课程评价

本课程的评价重视评价主体的多样性,让学生在相互评价中学会相互欣赏、相互借鉴。具体方法如下:

（一）展示性评价

学生可根据自己的兴趣与所长,通过用数学手抄报、数学日记、数学思考小作文等不同形式展现自己的学习成果。教师可以组织全体学生认真学习,并用投票的方法来进行下一步的评价。在组织学生进行投票评价时,要教给学生评价的一些方法,指导学生学会用欣赏的眼光评价他人,借鉴别人的学习成果。

（二）点赞式评价

学生根据所学的知识,任选一个主题,写学后感,先由老师评选出较优秀的部分文章,发表在公众平台,然后由学校师生阅读点赞评价。

（三）赛事性评价

组织学生进行比赛,指定主题让学生撰写演讲稿,先对演讲稿进行评选,优胜者进入复赛,进行现场演讲比赛。比赛重在引导学生学会欣赏数学家表现出来的数学精神,激励全体学生认真学习数学。

（撰稿：罗华妙）

第四章

艺术是最迷人的享受

艺术如一道美丽的彩虹,划过儿童的天空,时而化作儿童手中的丹青,涂抹五彩的世界;时而化作一支妙笔,书写美丽的诗行;时而化作一曲欢愉,放歌快乐的童年;时而化作指尖下的古筝,弹奏一曲高山流水……艺术是诗,艺术是画,艺术是歌,艺术是对美的追求,艺术更是对生命的热爱。艺术是唤醒,艺术更是成就,它滋养儿童的精神,丰盈儿童的生命,让童年绚烂缤纷!

罗曼·罗兰说:"艺术是一种享受,一切享受中最迷人的享受。"艺术是人类文明的结晶,积淀了厚重的人文精神。它给生命以灵魂,让生命变得更为高雅,引领人类在审美大千世界时,观照自己的内心:或流连于山水,或寄情于丹青,或轻抚六弦于清风竹林,或仰天长吟于斜阳古亭;或喜,或悲,或高吭,或低沉……这里既有"生当为人杰,死亦为鬼雄"般的高扬生命,也有"大道如青天,我独不得出"的徘徊郁闷。

艺术的本质是审美,是人类理解世界的一种特殊形式。审美是人类的一种基本生命活动,进行审美时,人的外在现实主体化,人的内在精神客体化,主客体融为一体。人在审美体验中不仅能够获得对客体世界的认知和把握,还可以愉悦自己、完善自己、充实生命,提升生命感受。艺术教育的根本目的在于丰富人的精神世界,艺术课程把生活中的美好以艺术的方式呈现出来,让儿童在感受美、欣赏美、表现美、创造美的过程中获得基本的艺术技能,培养敏锐的感知能力、丰富的想象力、直觉的洞察力,提升审美情趣和审美能力,塑造健全人格和完美人性,促进人文素养的综合发展。我校开发艺术与审美系列课程,其目的不仅在于让儿童掌握艺术知识和艺术的形式,更重要的是唤醒儿童对美的追求,成就儿童对生命的热爱,滋养儿童的精神世界,丰盈儿童的童年生活,让童年五彩缤纷!

小学阶段的艺术课程内容主要包含美术、音乐、舞蹈、语言艺术、戏剧等多种艺术形式和表现手段。实际上整个艺术系统是由众多不同的艺术门类组成的,每个门类又自成系统,同样,艺术课程的类别也是非常丰富的。依据艺术教育相关课程标准和学校实际,我们开发了"妙手剪纸"、"线描画"、"悦绘阅快乐"、"欢乐大合唱"等艺术审美系列课程,旨在拓宽学生的艺术视野,让儿童通过创造、表演、欣赏、交流等活动,自主参与多种艺术活动,将艺术技能与各学科教学有机融合,使学生尽情享受艺术学习的快乐。

艺术课程不仅仅是艺术学科知识和技能传授,更重要的是培养儿童多方面的艺术能力;艺术课程也不仅仅是培养儿童的艺术能力,更重要的是提升儿童的审美情趣,培养其融会贯通、跨域转换和整合创新的能力,促进其全面发展。因此,在学校艺术课程实施的过程中,要注意以下三点。第一,完善艺术课程体系,提高艺术课程的教学水平。加强对艺术课程体系合理化的研究,改善艺术教育的教学设施,为艺术课程的实施提供必要的教学条件。同时,加强艺术课程的教学策略研究,提高艺术教育的教学水平。第二,艺术课程要注重培养学生的艺术审美能力。艺术与审美是分不开的,审美能力是有意识的教育和无意识的文化熏陶共同作用的结果。从儿童到成年的转变,不仅意味着心理的成熟,更是审美理解力不断提高的过程。这种转变又不是自动完成的,而是由教育促成的。第三,营造灵活鲜动的艺术氛围,为学生搭建多彩的展示平台。要想使学生的艺术素养和审美能力不断得到巩固和提高,光靠课堂内的教学实践是不够的,必须把教学延伸到课外去,组织开展艺术节、安塞腰鼓节、经典诵读比赛、剪纸创作竞赛等活动,让学生在丰富多彩的活动中感受美、鉴赏美,促进多元智能的开发。

艺术与审美系列课程的开发与实施,进一步充实、完善了我校的素质教育内容,为儿童的全面发展提供了广阔的舞台;儿童的想象力与创造力得到提升,形象思维得到了发展,审美能力得到提高,激发了对美的追求、对生活的热爱。儿童不仅学会了用拙嫩的双手剪出童趣,用歪歪扭扭的线条描绘眼中的世界,还学会了歌声赞美生活,用舞动的腰鼓表达追求,用艺术的语言表达爱、幸福与快乐!

德国文化教育学派斯普朗格曾经说过,教育的最终目的不是传授已有的知识,而是要把人的创造力量诱导出来,将人的生命感、价值感唤醒。艺术教育是培养人感知美、鉴赏美、创造美的能力的审美教育,它唤醒了儿童对美的向往和追求,唤醒儿童对生活的热爱,唤醒了儿童与生俱来的好奇心、创造力,唤醒了儿童对丰富多彩的精神生活的追求。他们可以在这里倾述自己的喜怒哀乐,可以在这里表达对美的追求,与自己的灵魂对话,感受生命的成长与价值。儿童走进艺术,就走进了缤纷多彩的精神世界,为生命铺就了厚重的艺术底色,为未来的美好与幸福生活储存了无限可能!

课程
4-1

欢乐大合唱

一、课程背景

合唱是集体演唱多声部声乐作品的一种艺术形式,其要求单一声部音高度统一,声部之间旋律和谐,一般有指挥,可有伴奏或无伴奏。合唱是人声艺术表达形式的最高境界,它是一种富含凝聚力的歌唱,是一种诠释和谐之美的艺术。它是一个集体乃至一个国家、一个民族精神风貌的体现。合唱是普及性强、参与面广的音乐演出形式之一,深受广大群众喜爱。

如果说合唱是最美妙的共鸣,那么童声合唱则是最动人的旋律。合唱教育活动能培养学生对经典音乐的兴趣,提高团队合作意识和集体主义、爱国主义精神。儿童参与合唱,感悟经典音乐的美,接受高雅艺术的熏陶,有利于提高音乐欣赏能力,发展高雅的情趣爱好。

本课程的理念是: 走近合唱,享受和谐。本课程重在培养学生的歌唱能力,通过训练发声及演唱优秀的童声合唱作品,达到集体声音的和谐统一,通过集体演唱,使孩子们自然建立和谐融洽的合作友谊,从而感受到音乐的和谐之美。

二、课程目标

1. 了解合唱的发展史,加深对不同国家、不同时代、不同风格作品的认识和理解。

2. 掌握正确的发声方法,巩固音乐理论知识,建立多声部听觉体系,感受合唱的和谐之美。

三、课程内容

本课程的内容主要包括合唱的礼仪和发声训练,分为基本功练习、声部训练、合唱的"统一"训练等 3 个模块。

模块一:基本功练习

合唱追求的是整体一致、和谐、共鸣、润美动人的歌声,这样就要求合唱团对合唱成员有统一规范的发声方法,每个合唱团员都应该练好合唱基本功。如仪态、姿态、发声、音色、气息、呼吸、音准、咬字等。

模块二:声部训练

合唱训练应遵循循序渐进的原则,在声部训练中,先从较为简单的轮唱训练开始,再进入二声部、三声部训练。注意要让学生克服畏难情绪,增强对合唱训练的兴趣。

模块三:合唱的"统一"训练

合唱是追求声音高度统一、和谐的艺术形式,训练过程中追求音准、呼吸、咬字的同时,要力求使音色、力度、速度、情绪表现达到统一,从而使合唱的各个声部均衡、统一。

四、课程实施

本课程的学习对象为三、四年级学生,需要准备钢琴、打击乐器、自编教材等工具,共 16 课时。具体实施方法如下:

(一)自主聆听法

音乐是听觉的艺术,听觉体验是音乐学习的基础。在合唱训练中教师引导学生自主聆听合唱音乐作品,积极参与听觉体验,是合唱训练的重要内容。教师要引导学生在演唱过程中学会通过聆听自己和他人声音的音准、音色、力度等,力求更好地达到合唱声部的统一。

(二)小组考核法

合唱团人数通常都在 30 人以上,因为排练时间的关系,排练教师不能对合唱团员的识谱及唱谱一一检查过关，只有选拔声音好、音准好、听觉好、领导能力强的学生作为声部长，利用排练课余时间对各声部成员进行乐谱过关练习，方能有效提高排练效率。

（三）以声育人法

合唱不同于独唱，合唱队员既要各守其位、各尽其责，又要用自己的声音烘托别人，通过别人的声音表达自己的意识，以达到协调统一的艺术效果，这就需要大家有团结合作的精神。参加合唱比赛，有利于充分发挥集体的凝聚作用，增强学生克服困难的决心和信心，以美育德。

五、课程评价

本课程重视评价的激励性作用，具体的方法如下：

（一）过程评价

通过对每一次合唱排练过程进行自评、他评及相互评价，引导学生对自己的合唱活动进行反思，学习他人的优点，克服自己的不足，提升团队的合唱水平和专注程度。

（二）等级评价

通过进行阶段性合唱能力测验或合唱水平测量，以获得学生合唱学习的等级或分值，用表格记录并进行横向比较，促进学生正确认识自己的演唱水平，确立发展目标，不断提高。使用等级评价，重在利用等级评价的促进发展功能，而不是给学生贴标签。

（三）展示评价

通过参加合唱比赛及各类型舞台表演，让合唱团的学生经常性地登上舞台展示自我，积累丰富的舞台表演经验，在表演中取得充分的自信，塑造完美的人格。同时，通过展示性评价的反馈教师可以随时调整训练方法，让学生通过合唱课程感受到和谐的声音之美。

（撰稿者：钟永红）

竖笛悠扬

一、课程背景

竖笛又称直笛,是欧洲一种历史悠久的木管乐器,起源于 15 世纪的意大利,16 至 18 世纪盛行于欧洲各国,是巴洛克时代的标准独奏乐器。竖笛的音色纯正清丽,柔和轻盈,被称为"柔和的笛子"、"像鸟唱歌的笛子"。它以自然呼吸的力度即可吹响,这样,人们从初学开始,就很容易获得美妙的乐音。竖笛在世界发达国家中,无论是在专业音乐表演还是在普通教育中,都在发挥着巨大的作用,从著名的音乐学院到普通的中小学校到处都能看到这种雅俗共赏的乐器。

竖笛,作为音乐学习中的小精灵,具有自己固定的音高和优美的音色。小学生学习竖笛,能够有效地促进对音值、节奏、乐理知识的掌握,也有助于解决学生在歌曲学习过程中表现出来的音准问题与嗓音条件差的问题,使学生学习音乐更加自信,提高学习音乐的兴趣。

本课程的理念是:奏响心灵的声音。学生吹奏美妙的竖笛,流淌出心灵的声音,陶冶情操,净化内心世界。由于竖笛相对简单易学,学生能够快速掌握竖笛的吹奏技巧,可以借助竖笛表达自己的情感,奏响心灵的声音。

二、课程目标

1. 了解竖笛的历史、艺术特性、演奏特点和表演风格,感受竖笛的魅力。

2. 会吹奏竖笛,能够进行竖笛表演,增强学习音乐的自信心,提高艺术欣赏能力。

三、课程内容

本课程的内容主要包括竖笛知识的了解和演奏,分为认识竖笛、音符音阶吹奏和歌曲吹奏等 3 个模块。

模块一:认识竖笛

学生认识竖笛的结构,掌握竖笛的演奏手法:右手的大拇指置于竖笛的下侧来稳固笛孔,其余的手指依次封堵竖笛剩下的几个音孔,注意吹奏时气息的控制,掌握"缓吹"的方法,防止破音。

模块二:音符音阶吹奏

让学生从基本的音符吹奏开始学习,学会长音和吐音的吹奏方法。在此基础上,学吹音阶,从最基本的 do、re、mi、fa、sol、la、xi 音阶的练习,到小型儿歌的练习。教学时注意用竖笛当工具,帮助学生建立固定音高,纠正音准以及听力的问题。教师还可以创编有关于音阶的小曲,引导学生学吹小曲。

模块三:歌曲吹奏

学习吹奏经典传统儿歌,包括《玛丽有只小羔羊》、《小列兵》、《雁群飞》、《布谷叫,春天到》、《是谁在敲》、《咏鹅》等。在吹奏儿歌的过程中,学生了解高音竖笛、中音竖笛、次中音竖笛、以及低音竖笛,提高吹奏技能,提升表演能力。

四、课程的实施

本课程是以三、四年级学生为对象,每人需准备一支高音八孔竖笛,以及五线谱本。本课程共 15 课时。具体实施方法如下:

(一)合作学习法

根据学生学习竖笛的基础、接受能力、心理素质以及性格特点,将班级学生分为若干各小组进行学习。各个小组的同学在学习过程中可以相互欣赏对方的表演,校正音准,作为一个团体进行合奏表演等。

（二）自主探究法

学生在竖笛学习中,如何控制吹奏的气息,如何把握音准,如何让竖笛的音色更加纯正清丽,柔和轻盈,这都需要发挥自己的主观能动性,动手、动眼、动嘴、动耳、动脑,有计划、有目的、有步骤地进行尝试探究,调整校正,找出方法,并进一步进行实践验证。

（三）以赛代练法

积极组织学生区及市的器乐比赛,展现学习成果,激发学生对竖笛的热爱之情。教师也可以定期组织学生进行竖笛表演比较,对优胜者进行鼓励,提高学生学习竖笛的兴趣,培养自信。

五、课程评价

本课程的评价坚持以学生为本,促进学生认识自我、反思及调控自己的学习过程。具体的方法如下:

（一）竞赛性评价

组织班级比赛,参加区级和市级的器乐类比赛,对学生的竖笛学习水平进行评价,促进学生加强日常训练。根据竞赛成绩,对学生进行激励评价,提高儿童学习竖笛的兴趣。

（二）分享性评价

在课堂教学中,让学生分组表演,并分享表演感受,促进生生主动交流,相互学习。教师要引导学生学会欣赏他人,并对表现突出的学生给予正面鼓励,提高学生进行分享交流的积极性。

（三）评选性评价

组织开展"优秀小笛手"评选活动,评选出能演奏出优美歌曲的小笛手,并请这些优秀小笛手介绍自己的学习心得,激励全体学生认真学习竖笛吹奏。

（四）即时性评价

在课堂教学中,教师注意发现表现良好的同学,及时给予肯定和鼓励,为全体学生的学习指明方向,树立榜样。

（撰稿者:成　娜）

课程
4-3

悦绘阅快乐

一、课程背景

绘本,英文称 Picture Book,指以绘画为主,并附有少量文字的书籍。绘本讲究绘画技法和风格,追求图的细节精美,是一种独创性的艺术。随着这一艺术形式的发展,当前已经不仅仅局限为纯绘画的形式,其他诸如剪纸、照片等能够以图像形式成系列展现情感故事的集合,都称之为绘本。目前,绘本集欣赏、绘画、语言表达和表演于一体,成为一种综合性的艺术表达形式。

绘本创作能培养儿童的美术欣赏能力和绘画能力。绘本讲究绘画技法,追求精美的图案,对绘本的鉴赏过程,能提高儿童美术鉴赏能力。绘本的制作过程,实际上就是一个绘画作品的创作过程,只不过要求更高,讲究故事的连续性和情境性。美术绘本创作还能够提高儿童的语言表达能力。儿童创作绘本故事,需要自己收集故事题材,自己创作,形成一个有情节的完整故事,能够促进儿童表达能力的提升。

本课程的理念是:快乐绘画,分享阅读。绘本创作的过程,不仅是一个绘画的过程,同时也是一个语言表达的过程。儿童可以用更贴近自己年龄段的画面和语言,采取图画叙事的形式,制作有趣的绘本,表达自己的思想、情感和爱好,学会审美、学会创作、学会分享,学会艺术地生活。

二、课程目标

1. 欣赏经典绘本,了解绘本的历史和艺术特点,感受美好的精神意境,形成积极向上的价值观。

2. 掌握绘本的简单制作方法,大胆创作绘本,培养想像力和创造力。

三、课程内容

本课程主要内容包括绘本欣赏和创作,分为绘本鉴赏、创编故事和绘本制作等 3 个模块。

模块一:绘本鉴赏

通过网络或图书馆搜集一些中外经典的优秀绘本作品,掌握绘本的基本结构,精读绘本的内容,讨论和分析该绘本制作的背景、意义和对读者的影响等,探讨绘本图画语言的表达方法和文字的合理安排。

模块二:创编故事

绘本里故事的题材,可以是自己阅读过的经典绘本里的故事,也可以是自己熟悉的故事,还可以是自编的一段有趣的故事。故事内容要健康,主题积极向上,能打动人心。

模块三:绘本制作

根据主题里的故事内容大纲分格和定格故事画面,主要以图画语言叙述故事情节,图画下面的文字应简要明了。绘本的制作甚至可以只有图画,没有文字,前提是图画语言的表达必须足够清晰和到位。先设计内容再设计封面和封底,最后装订成册。

四、课程实施

本课程是以三年级学生为对象的,准备优秀绘本范本、水彩笔、铅笔、橡皮、16 开水彩纸、手工剪刀、收纳盒、电子教学设备等。本课程共 20 课时,具体实施方法如下:

(一)作品鉴赏法

通过 PPT 或图书分享阅读经典绘本,让学生反复阅读和精读绘本的图文,发现和感悟绘本的魅力,共同探讨绘本里图画与文字的表达方法,让学生主动投入到学习中,提高学习效果。

（二）知识讲解法

教师讲解绘本的起源和发展等相关知识,剖析绘本对阅读者产生的正面影响和意义等。制作绘本的要领和主要方法,教师也可以采用讲解法进行教学,但要注意鼓励学生积极尝试,大胆探索。

（三）作品演示法

教师可以演示根据故事定格画面的方法,也可以演示插画创作的方法,还可以演示各种装订方法等。通过演示,让学生感受绘本制作的方法,增加感性认识,掌握制作绘本的具体方法和步骤。

（四）合作学习法

刚开始学习制作绘本时,可以是四人或两人小组合作的形式,小组成员一起搜集素材、创编故事,最后根据自己的特长分工合作,共同完成绘本的创作。通过合作学习,可以帮助学生降低学习和创作难度,建立自信,培养团队精神。

五、课程评价

本课程主要采取多元化激励性的评价方法为主,具体的评价如下:

（一）竞赛性评价

可以确定一个主题,举办绘本创作比赛,选出优秀的作品,进行评比,激励更多学生积极参与绘本创作活动,对于优胜者,要给予适当奖励,并请他们介绍自己绘本创作的经验,相互借鉴,共同进步。

（二）展示性评价

教师要注意收集学生的绘本作品,可以是学生平时学习时制作的有创意的作品,也可以是绘本大赛中的获奖作品,不定期地进行展示。展示时,可以围绕一个主题进行,也可以进行个人作品展示,培养儿童的自信心。

（三）分享性评价

在学习的过程中,鼓励学生互相围绕如何创作绘本进行讨论交流,说说自己的绘图方法,创编故事方法,谈谈自己的体会,对自己的学习过程进行反思自评,对同伴的作品进行评价,相互借鉴,共同提高。

(撰稿者:谢晓虹)

课程
4 - 4

妙手剪纸

一、课程背景

　　剪纸是一种以剪、刻等镂空技艺完成的造型艺术,是中国传统的民间装饰艺术,是中华民族的优秀文化瑰宝,有着 1500 余年的历史。剪纸因材料易得、成本低廉、技法易学,深受人们的喜爱。它通过质朴、夸张的手法表现人们的喜怒哀乐,反映了人们对美好生活的向往。

　　小学生学习剪纸,不仅能提高手的灵活性,锻炼手脑的协调能力,还能促进智力的发展。在小学中开展剪纸教学和创作活动,不仅可以使少年儿童体味到剪纸制作的乐趣,激发想象力,提高绘画能力和构图能力以及艺术赏能力,还能陶冶他们的情操,培养民族自豪感和民族自信心。

　　本课程的理念是:剪出精彩,快乐传承。本课程重让学生通过一剪、一纸和简单的纹样,创作出属于自己的艺术作品,在剪纸的实践与操作中感受中国传统文化的魅力,体验剪纸的乐趣。

二、课程目标

　　1. 了解剪纸艺术历史,认识基本的剪纸语言和表现手法,提升审美能力。

　　2. 掌握一定的剪纸或刻纸技巧,学会简单的剪纸构图方法,体验剪纸的快乐。

三、课程内容

　　本课程的内容主要包括掌握剪纸的基础知识,学会剪纸的基本技巧,分为剪纸符号、折纸方法和剪纸创作等 3 个模块。

模块一:剪纸符号

剪纸符号是镂空剪纸的基本符号,是指导学生如何剪纸的基本标示。在学习剪纸之前,要了解及识别每一种剪纸符号的形状和用途,掌握基本的剪法。比较常用的剪纸符号有小圆孔纹、月牙纹、柳叶纹、锯齿纹和水滴纹等。

模块二:折纸方法

在剪纸活动中,经常需要将纸折叠,以便剪出对称的或者连续的图案。常用的折叠方法有对折法、三分法、四分法和二方连续折法等几种。每种折法有明确的操作步骤,对应不同的图案效果。儿童在学习剪纸的过程中,要仔细体会由于折法的不同,剪出的效果各异,以便在创作中灵活运用。

模块三:剪纸创作

初学剪纸者可以以昆虫、花卉等为题材进行自由创作。蝴蝶是一种小型动物,它的形体是对称的,便于折剪。同时蝴蝶形体千姿百态,没有严格的固定外貌,身体上的花纹多变,便于大胆想像创作。花卉有吉庆、和平、富贵等寓意,具有深刻的传统文化内涵,因此也是剪纸创作的一个好题材。指导学生进行剪纸创作,要鼓励学生大胆想像,合理利用各种技法进行创作。

四、课程的实施

本课程的学习对象为二年级学生,需要准备安全剪刀、折纸、铅笔、橡皮、收纳盒等工具,共 16 课时。具体实施方法如下:

(一)文化熏陶法

学生自主查阅书籍了解剪纸的历史文化,初步感受剪纸的魅力,感受镂空剪纸的艺术美。教师可以组织学生交流所了解的剪纸知识,说说对剪纸艺术的感受,提升对传统文化的认识。

（二）合作交流法

在教学过程中,学生自己探索发现剪纸的特点后,教师要适时组织学生以小组为单位开展讨论,研究剪制方法,并及时总结。合作交流是一种重要的学习方法,有利于儿童从不同的角度看待问题,学会借鉴他人好的做法,取长补短,共同进步。要重视培养"小老师",引导儿童相互学习。

（三）实践总结法

以剪纸实践为基本方法,让学生通过亲自动手,在剪纸活动中发现问题,寻找解决方法,及时总结整理,掌握剪纸的技巧及注意事项,形成自己的剪纸风格。操作中注意指导学生及时反思,发现每种剪法的要点,提高独立思考能力。

（四）鉴赏品评法

通过欣赏优秀作品,认识更多的绘图方法和剪制技巧,尝试利用所学的专业知识对作品进行分析解剖,开阔视野,激发学习热情。鉴赏过程,也是一个提高学生审美能力,激发对优秀传统文化热爱之情的过程。

五、课程评价

本课程的评价以激励性的评价为主,具体的方法如下:

（一）定性评价法

通过"我这样评价自己"、"老师寄语"等形式作概括性描述和建议,帮助被评学生进一步改进与提高。评价时注意通过正面的激励性语言对学生进行表扬,增强学生的自信心。

（二）竞赛评价法

举办"我是剪纸小小艺术家"的活动,通过现场剪纸比赛,评出优秀的作品,激发学生的兴趣,激励学生更加主动地参与剪纸活动。

（三）展示评价法

教师要注意收集学生的剪纸作品,可以是学生在平时剪纸活动中有创意的作品,也可以是剪纸竞赛中的优秀作品,不定期地开展优秀作品展示。展示时,可以围绕一个主题进行,如昆虫剪纸展示、梅花剪纸展示等,让学生欣赏、比较、借鉴,提高审美能力。也可以进行个人作品展示,培养儿童的自信心。

(撰稿者:李　玉)

课程
4-5

线描画

一、课程背景

线描,是用线条作画,用线条表现形象、表达情感的艺术。不论是早期的绘画还是现代绘画,都离不开用线进行艺术表现。对儿童来说,线描是最有情趣、最富吸引力、也最便捷的绘画形式之一。

儿童画画,自涂鸦开始描绘眼中的世界,都是以线条为表现的主要方式,因而线描写生很容易为儿童所接受。线描画写生也是儿童进行基础训练和搜集素材进行创作的重要手段。线描画作为一种美术表达形式,突出了线的表现力,有其独特的美感,能提高儿童绘画兴趣、绘画能力,促进创造性思维的发展。

本课程的理念是:用线绘出美好世界。线描是用线条说话的艺术。儿童学线描,感受线描元素,不但能从中学会精细、概括、夸张、疏密等艺术表现手法,还能感受线条的美,受到美的熏陶,在发展心智的同时,充分挖掘其内在的潜质,培养热爱生活、热爱大自然的美好感情。

二、课程目标

1. 在写生过程中观察人物的形象特征、动态变化以及物体外形特征、内部结构,感受和理解物体的大小对比、物体表面的质感,培养观察、记忆能力。

2. 学习线描画,掌握丰富的线描元素,学会用线条勾画和表现物体的特征,培养创造性表现能力。

三、课程内容

线描画是人类最早期绘画,本课程主要从最基础的单一线条入手将学生引进一个多彩的绘画王国。本课程内容分为认识线描画、观察与写生、组合构图和线描画创作等 4 个模块。

模块一:认识线描画

线描画是最简便、最直接的表现形象的绘画手段,在绘画艺术中始终占有重要地位。儿童画也多以画物象外形来表现形象特征。儿童学习线描画,首先要学习观察的方法,认识各种形态的线条以及点线面的组合,感受线的魅力。线是外部轮廓的分界。物象的轮廓是指物象的外形边界,原始岩画、古埃及壁画以及中国汉代画像石刻,都利用轮廓的影像表现物象的形。

模块二:观察与写生

线是物象内部结构的分界。在线描写生中可以利用线的粗细、轻重、虚实、疏密变化,深入表现物象结构关系,真实地再现物象。教学时要引导学生探究用线描进行刻画的方法进行写生,如怎样画摆在一起的物品、自行车、鸡冠花、旅游鞋、室内的一角、瓜果蔬菜以及各种各样的车等,让学生学会怎样观察物象的形,如何用线勾画物象的形,培养观察、记忆和创造性表现能力。

模块三:组合构图

在初步掌握线描画技艺的基础上,引导儿童从临摹开始进行组合构图练习。画面可以集中表现一方面的内容,构成有目的性绘画的基本能力。让学生知道怎么表现形好看,学会怎么样组织画面,提高对形式美术的认识和表现技能,培养初步审美意识和创造能力。

模块四:线描画创作

儿童线描画创作教学不以表现形的准确作为技法训练的主要目的,因此,选择教学内容时不需要考虑应物象形的繁简程度,可以直接选择儿童熟悉而感兴趣的内容进行创作教学。一般可以从生活环境、参加活动、情感表达三方面考虑。生活环境包括衣、食、住、行、季节、时间、民族习惯、家庭、学校、社区、城镇等内容。参加活动包括旅游、参观、探亲、访友、节日、事件见闻、公益劳动等内容。情感表达包括对自己、家人、老师、同学、长辈、集体、国家的情感等内容。

四、课程实施

本课程以一年级学生为教学对象,线描画使用的工具比较简单,一支笔、一张纸就可以画。采用的笔以不能涂改的各种硬笔为好,多使用大头黑水笔、钢笔、签字笔等。本课程需 16 课时,具体实施方法如下:

（一）欣赏品鉴法

欣赏生活中美妙多变的线条,欣赏优秀的线描画作品,感受线条的疏密虚实变化,学习不同的构图方法及线描的组合方式所表达出不同的画面效果,感悟不同的线条所表达出不同的思想情感,欣赏线描画的艺术美。利用所学的知识对作品进行分析,提出自己的见解,提高审美能力。

（二）合作交流法

在学习过程,学生独立观察发现线描画的特点,再以小组为单位进行交流。或者不同小组分配不同的任务,分工合作,探讨线描画的疏密、虚实、重复、黑白灰的画面效果。

（三）实践总结法

以积极引导学生开展线描画绘画实践,用自己熟悉的花纹和想象去加工美化物象,运用夸张、变化等手法使所表现的物象更生动、更具情趣和美感。及时总结线描画创作中的成败得失,不断提高线描画水平。

五、课程评价

本课程以激励性的评价为主,具体的方法如下:

（一）自我评价法

教师将学生的作品收集起来,或者是拍成照片制作成 PPT,不定期给学生欣赏,让学生通过自己对作品的评价,赏识自己作品美的地方,发现作品中的不足,提高学生的自我分析能力,促进学生的不断成长。

（二）同伴互评法

学生通过评价同伴的作品,感受同龄人作品中的优点与缺点,提高自己的分析与评价能力。在评价同伴的作品的时候,教师要注意引导学生学会从不同的方面进行评价,学会欣赏他人,并从中发现自己的不足,改进自己。

（三）集体评价法

学期末,对学习成果进行一个阶段性小结,举办"感受线描艺术之美"的活动,发给学生评价小贴纸,让学生对自己喜欢的作品用贴纸进行评价,让学生在体验中感受快乐,在欣赏中体会线描画的艺术美。

（撰稿者：刘丽霞）

第五章

科学是瞭望未来的窗口

科学的魅力在于它能够从简单的事物中发现无穷的奥妙,从复杂的事物中发现简单的规律,告诉我们小至夸克、大至宇宙的现象和规律,凸显科学真理。科学是怀疑的态度,是独立的精神,是勇敢的追求,是不倦的探索,是反复的证实,是可靠的知识。科学之美在细节之中,在宏大之中,在严密的逻辑中,在确凿的证据中,在孜孜的追求中,在广袤的空间和悠久的时间之中。科学以其神奇的力量,改变着儿童:给儿童以智慧和想象,让儿童相信真理,奋不顾身!

契诃夫说:"科学是人生中最重要最美好和最需要的东西。"科学的魅力在于它能够从简单的事物中发现无穷的奥妙,从复杂的事物中发现简单的规律,告诉我们小至夸克、大至宇宙的现象和规律,凸显科学真理。与科学真理一样美丽的是科学方法:在观察的基础上提出假说,然后对假说加以严格的验证。科学是怀疑的态度,科学不怕怀疑,科学欢迎怀疑,科学必须怀疑,有怀疑才有科学。科学是独立的精神,科学是勇敢的追求,科学是不倦的探索,科学是反复的证实,科学是可靠的知识。科学之美,在细节之中,在宏大之中,在严密的逻辑中,在确凿的证据中,在孜孜的追求中,在广袤的空间和悠久的时间之中。

科学是一个建立在可检验的解释基础之上的对客观事物的形式、组织等进行预测的有序的知识的系统,科学学习能让人学会思考、学会发问、学会主动探究,变得更有智慧,更有竞争力。在科学技术日益深刻改变人类生活的今天,科学素养是现代人的必备素质,它不仅影响儿童知识学习的广度和深度,还影响儿童的创造潜能的发挥。引导儿童通过严密的逻辑和确凿的证据来探究科学知识,有利于儿童学会用科学思维与科学方法去解决问题,有利于培养儿童实事求是和孜孜不倦的科学精神,逐步提高儿童的科学素养。

2017年教育部颁布的《义务教育小学科学课程标准》指出:早期的科学教育对一个人科学素养的形成具有十分重要的作用。通过小学科学课程的学习,能够使儿童体验科学探究的过程,初步了解与儿童认知水平相适应的一些基本的科学知识,培养提问的习惯,初步学习观察、调查、比较、分类、分析资料、得出结论等方法,能够利用科学方法和科学知识初步理解身边自然现象和解决某些简单的实际问题。科学与现实生活有着非常紧密的联系,生活中处处皆科学,科学源于生活,同时又服务于生活。依据课程标准要求和学校实际,我们开发了"无线电测向"、"快乐打字"、"童趣电脑绘画"、"天文观测"、"鸟的世界"等科学探索系列课程,涵盖物质科学、生命科学、地球运动与宇宙、技术与工程等内容。这些领域的内容能极大激发儿童的科学学习兴趣，让他们意识到科学就在身边，扩大知识面，促进思维发展，激发探究的欲望，是国家课程的有效补充。

科学学习应以探究为核心开展，让儿童主动参与、动手动脑，亲身经历，体验"提出问题——猜想假设——制订计划——合作探究——交流表达——联系生活、拓展延伸"的完整过程。科学探索系列课程的实施，要注意以下几个方面的问题：一是注意与现有教材的联系，校本课程本应是国家课程的延伸、拓展，不能脱节。二是优化教学模式，适当减少理论讲授，增加实践探索内容。课程设计和实施应更开放、更自由，多到户外探索、实践。三是要重视课程器材的准备。课程涉及野外观察、户外无线电测向，要提前做好相关准备，器材、场地布置要考虑周全，涉及公用和私人器材要做好登记管理。四是要根据儿童思维的特点，鼓励儿童大胆实践，积极探究。探究是儿童学习科学的重要方法，儿童发展心理学十分强调动手能力与思维发展的关系，并把动手能力视为儿童早期智力发展水平的标准之一。因此，在课程实施中应特别注重培养儿童的动手能力，把以"教学"为中心的课堂活动转变为以"探究"为核心的实践活动，让儿童的思维广度和深度在教学中得到训练。

我校通过科学探索系列课程的建设与实施，将"科学知识原理"转化为趣味性、游戏化、生活化的课程，深入浅出，将科学知识还原为最浅显的生活原理，增强了儿童学习科学的兴趣，让他们认识到科学与日常生活紧密相联。他们不仅获得了基本的科学知识及概念，还亲身经历动手动脑的实践活动过程，发现和提出生活中的简单科学问题，并予以解决，激发儿童进行科学探究的潜能，促进科学思维发展。儿童在科学探索系列课程的学习中，培养寻根究底的意识和解决问题的能力，学会运用科学语言表达自己的思想，激发对科学的好奇心与兴趣，培养公民应有的责任感，懂得爱护环境和善用资源。同时，也了解到科学的实用性和局限性，认识科学、科技及社会的相互影响，能够理解和接受科学知识不断演进的特质。

华罗庚说："科学上没有平坦的大道，真理的长河中有无数礁石险滩。只有不畏攀登的采药者，只有不怕巨浪的弄潮儿，才能登上高峰采得仙草，深入水底觅得骊珠。"科学是一座无穷的宝藏，储藏着世界的奥秘；科学是一把神奇的钥匙，通往真理的大门；科学是不可思议的魔术师，实现着人类一个个天马行空的梦……科学所打开的世界越来越辽阔,越来越奇妙,不仅深刻地改变了我们的生活,改变了我们的认知,改变了我们的思维,还改变着儿童:它引领儿童的好奇心,给儿童以强大的智慧,大胆的想,让儿童相信真理,奋不顾身,勇敢坚强,精神丰富。儿童走进科学,就走进了一个充满未知、渴望和探索的五彩世界!

无线电测向

一、课程背景

无线电测向作为一项竞技活动起源于 20 世纪 20 年代,是业余无线电爱好者对无线电技术研究的延伸。一个世纪以来,这项活动培养了大批无线电通信技术人才,也加速了无线电通信技术的发展。从超短波到短波到空间通信,无线电通信的发展史就是业余无线电爱好者不断进取的历史。

开展无线电测向活动有利于学生开阔眼界、增长知识、强身健体、磨练意志,促进学生在德、智、体、美等方面的发展,有利于培养学生独立思考、分析判断能力。它丰富了学校实践课的内容,促进了学生综合素质的提高。无线电测向活动能够培养学生独立思考的能力、判断事物的能力快速解决问题的能力,提高野外生存能力、实践能力和综合素质,锻炼学生坚强的意志品质,以适应现实生活和今后科技领域竞争的需要。

本课程的理念是:让科技走进生活。科技课程的学习不限于实验室、生物园,校园、小区、公园等周边的自然环境都是科技学习的场所。让学生走进大自然,有机地将科技、健身、休闲和娱乐融为一体,对学生知、情、意、行的发展均十分有益。

二、课程目标

1. 掌握无线电波传输的基本知识,了解无线电收发信号设备电气原理。

2. 学会无线电测向基本技巧,培养坚强的意志品质和积极面对挑战的态度。

三、课程内容

本课程主要内容包括赛事规则和测向机的使用技法,分为辨识电台信号、80米测向机的使用和2米测向机的使用3个模块:

模块一:辨识电台信号

当不了解被收听电台信号的强度时,如在起点收听首台或找到某台后收测下号台(应迅速离开该台十余米),可将音量旋到最大,边转动测向机,边调整频率旋钮,听到信号后,首先辨认台号是不是你现在需要寻找的电台呼号,然后缓慢地左右细调,使声音最大,音调悦耳。最后,将音量旋钮旋至适当位置,进行测向。

模块二:80米测向机的使用

先不按单向开关,用磁性天线收到电台信号后,水平旋转测向机,找出小音点(或称哑点线)获得电台所在直线,然后按下单向开关并转动测向机90°,在此位置上,反复迅速地旋转测向机180°,比较声音大小,声音大时,本机单向大音面所指的方向,即为电台的方向。最后再用双向小音点瞄准。

模块三:2米测向机的使用

当2米波段测向机收到电台信号后,转动天线360°,依靠尖锐的主瓣方向图(此时引向器的前延伸方向声音最大),即可明确地测出电台方向线。若发现主瓣与后瓣难以分清(在前后两个方向上声音大小差不多),可将测向机音量关小,举过头顶,在主、后瓣两个方向上翻转天线,反复对比两边的音量大小,防止测反方向。

四、课程的实施

本课程是以四至六年级学生为对象,要准备80米、2米测向机,可调信号源若干,比赛打卡器等。本课程的实施强调体验和实践,注重培养学生顽强的意志品质和沉着、独立的心理品质。本课程共15课时,具体实施方法如下：

（一）分组教学法

根据实验器材的数量，以每名学生都能够参与实验为原则，把学生分成若干小组，并从中挑选一名综合素质较高的组员为组长，针对不同教学内容分别采用同步共进法和异步共进法把操作内容进行有机分割，化整为零，培养"小老师"，减轻老师的辅导量，提高学生的整体操作水平。

（二）视频分析法

利用现时最新科技产品（运动摄像机、航拍技术等）把训练、小型竞赛视频摄录后经剪辑处理，与学生一起分析。对于重点、难点环节，可要求学生反复观看，研究其中的方法。

（三）以赛代练法

积极参加各级各类竞赛，以比赛促进训练。引导学生把比赛当作一种实战练习，从比赛中总结出无线电测向的方法和技术，调整无线电课程的教学。同时，提高学生学习的动力和心理素质，培养学生坚强的意志以及积极面对挑战的态度。

（四）自主探索法

学生根据自己储存的无线电测向的知识和实际生活情境提出问题，在老师的引导下发挥自己的主观能动性，动手、动眼、动嘴、动脑，有计划、有目的、有步骤地对无线电测向进行研究与探索，从而自己探索出结论。

五、课程评价

本课程的评价坚持让学生成为评价的主体，促进学生认识自我，树立自信，反思和调控自己的学习过程。评价需注重方法的多样性和灵活性。教师应注意根据学生的年龄特征和学习风格的差异采取适当的评价方式。

（一）竞赛性评价

利用校内模拟赛、校际练习赛和各级锦标赛进行训练，根据表现评出奖项,注意正面评价的激励作用,对学生的表现给予肯定,建立其自信心。

（二）分享性评价

鼓励生生间交换作品,进行口头和书面、量化的评价,提高无线电课程中生生交流的主动性和主体性,生生间互相学习,取长补短。在教师的引导下,提高学生运用无线电测向知识进行鉴赏和评价的能力。

（撰稿：戴冬宁）

课程
5-2

快乐打字

一、课程背景

打字教学是信息技术课程中的一个重要内容,在信息技术课程学习活动中都要使用键盘进行文字录入。在信息化时代,掌握正确的打字方法对学习、生活和工作有很大帮助。

小学生学习打字,用键盘把文字录入的过程中,需要手、脑、眼并用,能够有效地提高小学生动手、动眼、动脑的协调能力,有利于身体综合素质的提高。

本课程的理念：快乐学习,协调发展。本课程重在激发学生学习兴趣,在玩中学习,通过电脑小游戏认识键盘,在玩游戏中熟悉击键方法和指法。

二、课程目标

1. 知道键盘的分区和基本键的位置,掌握正确的打字姿势和指法分工。

2. 通过金山打字软件进行打字教学,体验打字学习的乐趣,激发学习的兴趣,锻炼手、眼、脑的协调能力。

三、课程内容

本课程的主要内容包括键盘的认识和打字,分为键盘分区和基本指法、上排键的指法、下排键的指法、标点符号的输入和小键盘的指法、英文输入与测试等5个模块。

模块一：键盘分区和基本指法

让学生认识键盘的分五个区：主键盘区、功能键区、编辑键区、数字键盘区和状态指示区。知道基本键（中排键）"ASDFJKL"的指法：左手食指落在定位键上"F"键上，右手落在对应的定位键"J"键上。打字时，身体要保持平直，手肘贴近身体，手腕要平直，十指放在基本键上，双脚平放在地上。

模块二：上排键的指法

合理的手指分式，能提高打字效率。上排键的击键要领是向上方移动击键的手指，击键后，手指要马上回到基本键位，做好下一个击键的准备。在"金山打字通 2003"或"金山打字游戏"中选择"上排键"和"中上排键"进行练习。

模块三：下排键的指法

下排键的击键要领是手指放在基本键上，当要击下排键时，手指要向下方移动，击键后，手指要马上回到基本键位。在"金山打字通2003"中选择"键位练习（高级）"，再选择"键位课程 15；下排键"进行练习。

模块四：标点符号的输入和小键盘的指法

标点符号键上有两个标点符号，直接击键选择的是下方符号，加"Shift"键后选择的上方符号。教学时重点认识上档键使用方法。小键盘能快捷录入数字，要注意认识小键盘锁定键。

模块五：英文输入与测试

利用"金山打字通 2003"或"金山打字游戏"练习英文输入，让学生在游戏中巩固练习。教学时可以组织打字比赛等活动激发学生练习打字的兴趣。

四、课程实施

本课程实施对象是四年级学生，需要准备金山打字游戏、金山打字通等软件。本课程共 6 课时，具体实施方法如下：

（一）知识讲授法

通过教师的讲解以及观看相关视频等方法，让学生了解键盘的分区，掌握基本的指法和姿式，认识上档键和小键盘锁定键并能正确使用。讲解的过程中，要组织学生及时进行练习。

（二）合作学习法

在学习过程中，组织学生之间开展讨论，交流自己的打字心得体会，介绍自己提高打字速度和准确率的经验，互相学习，共同进步。在比赛时，以团体的成绩为评价标准，激励学生团结互助，共同提高。

（三）任务驱动法

坚持"做中学"，采用任务驱动法，布置明确打字任务，让学生在完成任务的过程中学会打字。在学生打字过程中，教师要注意适时指导打字的姿势和方法，并组织学生相互交流，提高打字速度。

五、课程评价

本课程主要采取多元化激励性的评价方法为主，具体的评价如下：

（一）展示性评价

组织活动，展示学生打字学习的成果，增强学生的自信心和动力。同时，作为师生间交流的平台，有利于教师了解学生学习情况，及时调整教学方法。

（二）分享性评价

在合作学习的过程中，鼓励学生互相围绕如何准确、快速打字进行讨论交流，说说自己的打字方法，谈谈自己的体会，对自己的学习过程进行反思自评，对同伴的打字速度和准确性进行互评，相互借鉴，共同提高。

（三）竞赛性评价

组织校内打字比赛，初赛重在组织全员参与，共同提高。选取部分特别优秀的学生进行复赛，逐轮晋级，提高竞赛的趣味性和激励性。根据表现评出奖项，注意正面评价的激励作用，对学生的表现给予肯定，建立自信心。

（四）体态语评价

用一个欣赏的眼神、一个会心的微笑等肢体语言表达对学生的肯定与赞赏。使用体态语要注意动作适度，亲切自然，让学生如沐春风，帮助学生与教师之间形成良好的心理关系。

（撰稿：周建文）

课程
5-3

童趣电脑绘画

一、课程背景

电脑绘画融信息技术与美术创作于一体，是学生非常喜欢的计算机操作内容。用画图软件进行电脑绘画简便易学，能快速方便地创作出美观大方、内容丰富、色彩和谐、富有创意的作品。

电脑绘画能激发学生对信息技术的兴趣，让学生了解和掌握信息技术基本知识和技能，进而引导学生使用画图软件灵活地进行电脑绘画的创作。电脑绘画还需要学生具有一定的创作想象能力、美术构图能力和色调调配能力，能培养学生的艺术创作能力。学生带着丰富的想象走进电脑绘画世界，也走进了融现代科技与艺术于一体的精彩世界。

本课程的理念是：用键盘绘出快乐童年。童年是人生的一段重要生命历程，童年的生活也应当是快乐的。我们应当尊重孩子的个性需求，鼓励孩子大胆想象，绘出自己的快乐，让每一颗童心都快乐飞扬，获得积极、愉悦的情感体验。本课程涉及计算机、美术、编辑排版等多方面知识，孩子在活动中拓展自己的视野，绘出精彩世界，绘出快乐童年，提高信息技术素养和美术能力。

二、课程目标

1. 认识"画图"软件，掌握"画图"软件的常用功能，提高信息技术素养。

2. 掌握电脑绘画的技巧，学会设计报刊版面，提高艺术欣赏能力。

三、课程内容

本课程的主要内容包括"画图"软件的入门和绘画,分为软件入门、线条与图形、添文与增色、复制与合成等 4 个模块。

（一）软件入门

介绍"画图"软件的窗口,学习窗口的基本操作。具体包括认识画图软件,画图工具的使用,利用基本编辑技术和各种组合处理技巧来创作画图等内容。

（二）线条与图形

学习如何利用线条和图形进行创作。具体包括掌握线条、图形、铅笔、刷子等工具的使用方法,进行基本构图。教学时要鼓励学生大胆想象,积极尝试,画出精彩的构图。

（三）添文与增色

根据绘出的图案,进一步增添文字和色彩,包括色彩、美术字等工具的使用。教学时要注意色彩的搭配,引导学生合作交流,相互借鉴,创作出精美图案。通过主题活动,让学生逐步掌握绘画编辑技巧。

（四）复制与合成

学生在电脑绘画过程中,要用到复制、合成等编辑技术,以最后完成绘画。教学时要注意让学生学会综合运用各种工具和技术。

四、课程实施

本课程是以三、四年级学生为对象的,学校要准备计算机室,安装电脑绘图软件。本课程共 12 课时,具体实施方法如下:

（一）讲解演示法

教师在讲授学习内容的要点和要求的同时,向学生演示操作过程,给学生直观的印象,学生通过观察能在最短时间领会操作要领,少走弯路。

（二）任务驱动法

教师通过创设情境,设计好每节课的学习任务,让学生能紧紧围绕一个共同的任务活动中心,积极主动获取学习资源,自主探索,完成既定任务,提高学生的电脑绘画技能。

（三）分组学习法

根据学生的学习能力交叉分组,授课时针对重、难点,有步骤、有目标地引导学生进行分组讨论学习,逐步分层次地突破教学重点和难点,在小组合作中完成教学任务。

五、课程评价

本课程评价重视激发学生学习兴趣,具体方法如下:

（一）自我评价法

根据每节课所学内容,引导学生进行自我评价,看是否掌握了基本操作技术,看是否能熟练运用所学知识进行绘画。教师可以设计一个模板,引导学生进行自我评价。

（二）小组评价法

在教学过程中,注意引导小组成员互相评价每节课的作品。评价可以从这几个方面开展:同学的作品好的地方是哪里,我可以借鉴什么方法? 同学的绘画不足之处是哪里,我应该注意什么? 通过相互评价,共同进步,共同提高。

（三）评比评价法

定期组织开展绘画评比活动,如绘画小能手评比,举行"秀秀我自己"个人绘画比赛,根据年级各选出优秀作品三幅,并颁发"电脑绘画小能手"证书。通过评比,激励全体儿童积极参与电脑绘画活动,提高儿童的电脑绘画技能和艺术欣赏能力。

（四）展示评价法

集中展示学生的电脑绘画作品,展示学生电脑绘画的成果,以此作为对学生进行评价的依据。可以采用分类展示，如围绕一个主题展示，也可以把一个人的所有作品集中展示。

（撰稿：陈泽辉）

课程
5-4

天文观察

一、课程背景

天文学是一门古老而常新的自然科学,研究对象是宇宙的规律。它是以观察及解释天体的物质状况及事件为主的学科,主要研究天体的分布、运动、位置、状态、结构、组成、性质及起源和演化。天文学的主要实验方法是观测,通过观测来收集天体的各种信息。天文学融地理学、化学、物理学等诸多学科为一体,其丰富的内容有利于拓宽学生的视野。

开设天文观察课程,不仅能激发学生学习的兴趣,提高综合学习能力,还可以帮助学生树立正确的宇宙观和辩证唯物主义的世界观,学会客观看待事物,科学地分析问题。天文是最适合培养学生好奇心和科学精神的学科,在诸多的科技活动中,天文活动对学生具有特别大的吸引力。但在六大基础学科中,天文学却是目前唯一没有被列入我国中小学正式课程的学科。近年来,为改变我国天文学基础教育普遍薄弱的状况,许多天文学家呼吁"在小学和中学 12 年的教育体系中开设天文课,让孩子们了解宇宙的奥秘"。我校从中得到启发,边研究、边实践、边推进,开设天文科普校本课程,探索天文科普教学的基本模式和操作策略,积累学科资源,促进师生科学素质的发展。

本课程的理念是:走近奇妙的宇宙。通过组织儿童观察奇妙的天体现象,掌握一些天文观察的基本技能,了解一定的天文知识,激发儿童对浩瀚宇宙的兴趣,使学生形成主动探究的意识,提高学生思维能力和综合知识的运用能力。

二、课程目标

1. 掌握基本的天文知识，提升科学素质，激发对浩瀚宇宙的兴趣。
2. 会观测一些天文现象，形成基本的天文观测技能，培养科学精神。

三、课程内容

本课程主要内容包括天文基础知识和基本观察技能，分地球的基本运动、太阳系的基本知识、利用亮星识别星座和观星工具 4 个模块。

模块一：地球的基本运动

地球的运动有多种类型，其中最具代表性的当属自转和公转。地球围绕地轴自西向东转动，天空中各种天体东升西落的现象都是地球自转的反映，而四季的规律变化则是地球围绕太阳公转的真实体现。通过观察月相渗透农历历法的起源，发现太阳、地球和月球三者位置关系的奇妙之处，分析日食、月食的现象成因。

模块二：太阳系的基本知识

在远古的时候人们就注意到，许多星星的相对位置是恒定不变的，但有 5 颗亮星却在众星之间不断地移动。于是人们把"动"的星星称为"行星"，"不动"的星星称为"恒星"，并给行星依次起了名字，即水星、金星、火星、木星和土星。近两个世纪以来，天文学家又发现了 3 颗大行星，即天王星、海王星和冥王星。这样，包括地球在内的 9 颗行星（2006 年 8 月 24 日国际天文学联合会决议指出：冥王星不再被视为行星）就构成了一个围绕太阳旋转的行星系统。除了水星和金星之外，所有的行星都有卫星。太阳以自己强大的引力将太阳系里的所有天体牢牢地吸引在它的周围，使它们不离不散、井然有序地绕自己旋转。同时，太阳又作为一颗普通恒星，带领它的成员，万古不息地绕银河系的中心运动。

模块三：利用亮星识别星座

星座在很久以前就被水手、旅行者当作识别方向的重要标志。随着科技的发展,星座用于方向识别的作用逐渐减弱,但是航天器还是通过识别亮星来确定自身的位置和航向。对于星空爱好者来说,星座的识别往往是对于亮星的识别。例如,在北半球,小熊座的北极星是在星空确定方向最重要的依据。但实际上由于北极星并不明亮,人们通常使用北斗七星来寻找北极星,从而确定方向。在精度要求不高的情况下,可以认为北极星所在的方向即北方。

模块四：观星工具

认识与掌握基本的天文观测工具：双筒望远镜、折射天文望远镜、反射望远镜等。知道不同口径望远镜的区别,掌握赤道仪的使用,太阳滤光镜、寻星镜、目镜、转接镜等。能初步掌握天文摄影的设备操作：单反相机、广角镜和三脚架的使用,相机对焦点、光圈、感光度和快门的调节,确保能拍摄出焦点准确且曝光正常的星空照片。对经典的天文类工具书亦要有所了解：《新编全天星图》(北京天文馆编制)、《天文爱好者》杂志、《天文爱好者新观测手册》(王思潮主编)、《天文观测手册》(安东·范普鲁)、活动星图若干(夜光型可旋转)等。

四、课程实施

本课程实施遵循以下原则：一是普及性。天文科普活动要面向广大学生普及天文学的基础知识和基本的观测技能,体现科技教育要以普及为主的理念。二是探索性。天文探索课程的开发要善于把握青少年的心理特点和需求,开展贴近生活的探究性活动,激发青少年起对科技活动的兴趣,促进思维发展。三是趣味性。天文观察活动要通过极具趣味的科学现象来揭示科学规律,激发青少年对科学探究活动的兴趣。本课程是以五、六年级学生为对象,共15课时,具体实施方法如下：

(一) 天象观察法

成立天文科技小组,定期组织开展天象观察,如太阳在天空中位置的变化(影子的变化)学习和实践观测、辨认四季星空、星轨拍摄、月相观测、每个农历月十五观察月面等活动。抓住一些重大天文现象,如日食、月食、狮子座流星雨、双子座流星雨、英仙座流星雨等契机组织科普活动,还可以利用地球一小时活动,认识光污染,增强学生环境保护意识。

（二）媒体辅助法

由于客观的条件限制,加上学习的主体都是刚刚接触星空的小学生,在空间思维能力以及逻辑推理能力方面都还欠缺。模拟星空的计算机软件,可以根据观测者所处的时间和地点,计算天空中太阳、月球、行星和恒星的位置,并将其显示出来。利用它可以真实地表现肉眼、双筒望远镜和小型天文望远镜所看到的天空,还可以绘制星座、模拟天文现象,如流星雨、日食和月食等。教师要指导学生利用工具、虚拟软件来学习和观测,常用的有谷歌星空和星空漫步、虚拟天文馆软件、星空等手机软件。

（三）合作学习法

根据实际观察水平把学生分成若干小组,组内成员进行分工,让每名成员都有同等参与机会。小组内可以推选出一个小组长,充当"小老师"的角色,组织做好必要的讨论记录。在天象观察活动中,交流观察结果和方法,相互借鉴,共同完成观察任务。

五、课程评价

本课程的评价注重实际表现,具体方法有:

（一）分享性评价

鼓励生生间交流经验,形成观察报告,并让学生进行口头和书面、量化的评价,提高天文课程中生生交流的主动性,生生间互相学习,取长补短。在教师的引导下,提高学生天文鉴赏和评价的能力。

（二）竞赛性评价

组织学生参加各级部门组织的天文科普竞赛活动,加强校内训练,根据表现评出奖项,注意正面评价的激励作用,对学生的表现给予肯定,建立自信心。

（三）展示性评价

组织活动,集中展示学生在天文观察活动中的作品,如天文照片,观察日记,小论文等,展现学生天文观察的成果,以此作为对学生进行评价的依据。可以采用分类展示,如围绕一个主题展示优秀的天文观察照片,观察日记等,也可以把一个人的成果集中展示。

（撰稿：戴冬宁）

课程
5-5

鸟的世界

一、课程背景

观鸟,是指人们在自然环境中利用望远镜等观测记录设备在不影响野生鸟类正常生活的前提下观察鸟类的一种科学性质的活动。校园观鸟活动就是充分利用校园环境资源,因地制宜地组织学生开展观鸟活动。学生通过观察鸟类的形态、行为、鸣叫等特征来辨别鸟的种类,通过观察鸟类的取食、栖息、繁殖、迁徙等行为,了解鸟类与校园环境的关系,了解校园鸟类种群的动态变化。鼓励广大小学生走进自然,在跟大自然密切接触的过程中培养"人类与自然和谐共存"的意识,使学校形成学科学、爱科学的良好氛围。

野鸟观察活动的开展为学生营造一个良好的学习平台,让学生在欣赏的过程中愉悦地学习相关的生物学知识。快速观察训练能够有效地提高学生的观察能力。通过定期观察,结合教师引导,学生自主探究,总结出鸟类活动的规律,形成探究成果,培养儿童的科学观察和探究能力。

本课程的理念是: 走进大自然,热爱大自然。鸟类是目前存在于自然界中较容易为人类所接近的一类野生动物,它们形态丰富多彩,活泼好动,让人为之着迷。通过参与观鸟活动,学生可以进一步亲近自然,结合健身与休闲,放松身心,培养自然环保的生态意识。

二、课程目标

1. 系统了解鸟类基本知识,能在野外辨识广州常见鸟类50种以上。

2. 体验观鸟的快乐,自觉保护生态环境,辩证地看待人与自然的关系。

三、课程内容

本课程主要内容包括观鸟工具的掌握和实地观鸟技能的学习，要重视理论学习与实践相结合。本课程分为野外观察的工具、野外观察的方法和野鸟观察的记录整理3大模块。

模块一：野外观察的工具

双筒望远镜是观鸟必备的基本器材。特点是体积小，重量轻，视野宽，操作方便。双筒望远镜在镜身上刻有技术数据，如 7×35、8×30、10×50，前面的数字代表倍数，表示望远镜的放大能力。例如一只距离80米的鸟，用8倍望远镜观看就会像在10米处看到一样。后面的数字代表物镜的直径，直径越大，进光量越多，观看时就越明亮。

模块二：野外观察的方法

观鸟时要保持适当观赏距离，最好是灰、黑、蓝、绿、迷彩等颜色，尽可能避免穿着鲜艳抢眼的服装，也不要大面积白色的，最好带有防雨功能。拍摄野生鸟类，应采用自然光，不可使用闪光灯，以免惊吓到鸟类。有些鸟类生性害羞，隐秘不易观察，不可使用不当方法引诱其现身，如放鸟鸣录音带、丢掷石头、吹口哨、击掌等方法刺激鸟类。不要高声喧哗惊扰鸟类，驱赶鸟类更是观鸟大忌。

模块三：野鸟观察的记录整理

配备鸟类图鉴。图鉴中有鸟类资料和图片，为观鸟者野外识别鸟类时带来极大的便利。观鸟者要把观察所得，包括鸟类的大小、颜色、姿态、行为、鸣声记录在笔记簿中，观察结束后与老师和同学进行记录数据的补充和核对，形成观鸟小数据库，并上传到中国观鸟记录中心。此外，学生要定期整理观鸟记录，形成多样化的成果，如观鸟日记、手抄报、自制科普知识小画册等。

四、课程实施

本课程是以三至四年级学生为对象,要准备基础的观鸟装备,如双筒望远镜、野外服饰等。本课程共 15 课时。本课程实施的具体方法如下:

(一)合作学习法

根据实际观察水平把学生分成若干小组,组内成员有明确分工,保证每名成员都有平等参与机会,让每名学生的智慧都能得到尽情发挥。小组内可以推选出一个小组长,做好必要的讨论记录和观点的整合、语言的锤炼等,充当"小老师"的角色,减轻老师的辅导量。在观鸟活动完成后集中,对观察的记录进行补充说明,形成较完整的鸟种记录成果,上传数据到相关网站。小组成员一起学习,探究中应留给学生独立思考的时间和空间,让所有的学生都有展示自己能力的平台,都有得到发展的机会,各尽所能,整体提高野外观察水平。

(二)鸟叫辨听法

不同种鸟类的唱歌声和鸣叫声有较大的差异,通过声音识别鸟的种类,可以帮助观察者确定出更多的鸟种类。运用辨听技能很容易在茂密的树林和灌木丛中找到鸟,很容易确定鸟歌声和鸣叫声的方向及位置。由于自然界中存在着体毛颜色相近的鸟,通过声音识别比通过鸟体的颜色识别准确性更高。通过树林中光影闪动而发现鸟的方式常常会受到光线弱、能见度低等因素的限制。学生可通过搜集网络资源,练习听鸟类鸣叫。

(三)导赏学习法

利用市内专业的免费观鸟导赏活动资源,组织学生和家长参加,如参加每周末在华南植物园和各大公园的导赏活动,让学生知道学习科学知识与技能不限于实验室、生物园,校园、小区、公园等周边的自然环境均是学习的场所,走进大自然,融科学知识、健身、休闲和娱乐为一体。

五、课程评价

本课程的评价坚持激励性原则，促进学生认识自我、树立自信，反思和调控自己的学习过程。具体的方法如下：

（一）分享性评价

鼓励生生间交换成果，进行口头和书面评价，提高生生交流的主动性和主体性，互相学习，取长补短。在教师的引导下，提高学生对野生鸟类的鉴赏和对观察技能评价的能力。

（二）展示性评价

组织活动，集中展示学生在观鸟活动中的作品，如鸟类照片，观察日记，小论文等，展现学生观鸟活动的成果，以此作为对学生进行评价的依据。可以采用分类展示，如围绕一个主题展示优秀的鸟类照片，观察日记等，也可以把一个人的成果集中展示。通过成果展示，激励和促进儿童积极参与观鸟活动，增强自信心和学习动力。

（三）竞赛性评价

组织学生参加观鸟竞赛活动，加大活动的宣传力度，邀请赛事专家辅导，争取在竞赛中展现出较高水平。尤其要重视激励和正面评价，对学生的表现给予肯定，建立自信心。通过参加竞赛，激发儿童主动参加观鸟活动的积极性。

（撰稿：戴冬宁）

垃圾分类

一、课程背景

　　垃圾分类,就是按一定标准和方法将垃圾分类储存、运输和处置。对垃圾进行分类,将废弃物分流处理,可以回收其中可利用部分,变废为宝,节约资源。生活垃圾中有 30%～40% 可以回收利用,如塑料可回炼柴油,废纸可制再生纸,金属制品也可回收再加工,食品、草木和织物可以生产有机肥料,砖瓦、灰土可以加工成建材,等等。垃圾分类处理还可以控制污染,减少对环境的破坏。废弃的电池含有金属汞、镉等有毒物质,会对人类产生严重的危害;土壤中的废塑料会导致农作物减产;抛弃的废塑料被动物误食,导致动物死亡的事故时有发生。因此回收利用可以减少危害。垃圾分类还能够减少占地。目前我国的垃圾处理多采用卫生填埋甚至简易填埋的方式,造成占用大量土地,浪费资源。减少垃圾总量,就可以减少占地。

　　开展垃圾分类的科普教育,可以从小培养儿童的环保意识。随着人们生活水平的提高,人类对自然资源的消耗越来越多,造成的污染也越来越大。引导小学生进行垃圾分类,认识垃圾的作用和危害,正确处理垃圾,可以提高环境保护意识。开展垃圾分类的科普教育,还可以提高儿童的动手能力和社会实践能力。在垃圾分类过程中,可以提高儿童对身边环境的认识,特别是日常生活中常见的纸张、塑料、食品等物品的认识,了解各种垃圾的处理办法,学会正确处理各种不同的垃圾,提高科学素养,培养发现问题和解决问题的能力。

　　本课程的理念是: 垃圾分类我能行。本课程不仅要让学生知道垃圾如何分类,还要养成在生活中进行垃圾分类的良好习惯。教学中注意引导学生了解国内外对生活垃圾的分类以及常见生活垃圾的无害化、资源化处理的方法,学会对常见垃圾进行分类。同时,引导学生在实际生活中发现环保问题,提出解决问题的策略,并在实践中进行检验,培养解决实际问题的能力。活动中要注意激发孩子的好奇心和求知欲,培养学生的主动探究意识和探究能力。

二、课程目标

1. 了解垃圾的种类,认识垃圾分类的意义、作用和方法,知道广州市垃圾分类的要求和规范。

2. 会对日常生活中的垃圾进行准确分类,增强节约资源和保护环境意识。

三、课程内容

本课程的主要内容包括垃圾的分类方法和广州市垃圾分类的要求与规范,分为垃圾的认识、垃圾的分类和垃圾的利用 3 个模块。

模块一:垃圾的认识

了解垃圾的来源,认识随意丢弃垃圾可能造成的危害,意识到垃圾是放错了位置的资源。知道垃圾可以通过分类的办法进行回收利用,减少危害,节约土地资源,培养收集、整理、分析信息的能力,形成节约资源的意识。

模块二:垃圾的分类

了解垃圾的分类方法和国内外对不同种类垃圾的处理方式,认识到垃圾的分类回收和利用的意义,知道广州市垃圾分类处理的要求和规范,对日常生活中的垃圾进行正确分类处理,养成垃圾分类的习惯,从小树立保护环境的意识。

模块三:垃圾的利用

组织儿童开展垃圾利用的实践活动,如利用废弃纸板制作各种创意造型,用铁皮罐做生活用品等。还可以开展摄影、办手抄报、写小论文等形式的垃圾分类评比交流活动,培养儿童的动手操作能力和表达交流能力,促进垃圾的合理、有效利用,培养儿童的环境素养意识。

四、课程实施

本课程的实施对象为一到六年级全体学生,每学年 6 课时。具体实施方法如下:

（一）调查研究法

指导学生观察生活中的垃圾,调查垃圾是如何产生的,有哪些种类,了解随意丢弃垃圾对环境的影响。还可以组织学生调查社区的垃圾转运站,了解垃圾是如何储存、运输的,在运输、储存过程中有哪些问题,如何应对。

（二）文献资料法

指导学生上网查阅资料,了解垃圾的种类,知道世界各地处理垃圾的政策、方法和效果,进行对比分析,结合生活实际,提出自己的见解和意见。了解国内外通过科技手段处理垃圾的现状,知道人类所共同面对的垃圾处理这个世界性难题,提高儿童的环保意识。

（三）知识讲授法

通过教师的讲解以及观看相关视频等方法,结合学生的调查研究和资料查阅,让学生了解垃圾的分类方法,学会对日常生活中的垃圾进行准确归类,养成不随意丢弃垃圾的好习惯。

（四）动手实践法

组织儿童开展创意设计活动,对生活中的一些垃圾进行合理利用。组织开展办手抄报、写小论文、进行摄影比赛等形式,交流垃圾分类实践的心得体会和经验,培养儿童的创新意识和动手能力,树立环保观念。

五、课程评价

本课程的评价需注重方法的多样性和灵活性。教师应注意根据学生的年龄特征和学习风格的差异采用适当的评价方式。

（一）表现性评价

实地考察学生在班级、学校以及家庭、社区中的表现，是否尽量不制造垃圾，不乱扔垃圾，坚持对垃圾进行分类。表现性评价重在考察平时的行为，可以邀请社区、家长、教师、同学对个体的行为表现进行评定，提高评价的准确性。

（二）展示性评价

组织活动，集中展示学生在垃圾分类活动中的作品，如创意制作、手抄报、小论文等，展现垃圾分类活动的成果，以此作为对学生进行评价的依据。可以采用分类展示，如围绕一个主题展示优秀的论文、手抄报等，也可以把一个人的所有作品集中展示。

（三）赛事性评价

通过举办各种比赛进行展示评价，如废品利用创意大赛、垃圾分类小论文比赛、手抄报评比等。还可以举办垃圾分类知识竞赛，促进儿童学习、掌握垃圾分类的知识。通过各种赛事，激发儿童主动参与垃圾分类的积极性，提高儿童的环保意识。

（四）评选性评价

学校定期组织开展垃圾分类的相关评选，如环保小卫士评选、垃圾分类小能手评选。通过评选，激励全体儿童积极参与垃圾分类，增强儿童的环保意识。

（撰稿：钟秀红　徐德兵）

第六章

运动是生命最充沛的养分

人生是一段曼妙的旅程,运动是人生旅程中一幅幅美丽的画卷,沿途风景无限；运动指引我们向前,朝着目标坚定不变；运动激励我们攀登,在前进的路途上攻坚克难；运动教会我们坚毅,跋山涉水不畏路途遥远⋯⋯运动是身体在跳跃,运动是激情在燃烧,运动是意志在呼喊,运动是生命在奔腾,人生因运动而不断丰盈、饱满!

伏尔泰说:"生命在于运动!"运动让生命充满活力,似万里长江,奔腾不止,襟怀广阔,包容宇内,生生不息,生命在运动中不断完善。运动让生命远离烦闷,漫漫人生路,几许欢欣,几许哀愁,都是醉人的风景,人生也因这悲欢离合、苦辣酸甜,才愈加莹润饱满。运动让我们从不为路遥而焦灼,更不为疲惫而慵懒。我们在运动中感悟生命的真谛:运动追求更高,它提升了生命的高度,让我们的目光看得更远;运动追求更快,它拓展了生命的长度,让我们的意志变得强健;运动追求更强,它增加了生命的厚度,让我们的精神更加丰满! 奔跑的儿童,是最美的风景;奔跑的人生,最为绚烂!

毛泽东主席在《体育之研究》中指出:"欲文明其精神,先自野蛮其体魄。"体育运动为承担各种艰巨的学习和工作任务打下坚实的身体基础,为智力水平的提高和思想境界的升华提供了前提。它根据人体生长发育、技能形成和技能提高等规律,以身体运动为手段,增强体质,培养道德和意志品质,促进人的全面发展。当人们投身体育,融入赛场的时候,身体得到锻炼,意志得到磨砺,同时获得了"实现自我"与"超越自我"的满足感。组织学生开展体育运动,可以掌握有关身体健康的知识和科学健身方法,提高自我保健意识和对身体健康的认识;坚持锻炼,增强体能,养成健康的生活方式。学生在运动经历挫折和克服困难的过程中,提高抗挫折能力和情绪调节能力,培养坚强的意志品质;在不断体验进步或成功的过程中,增强自尊心和自信心,形成积极向上、乐观开朗的生活态度;在团体合作中建立起对自我、群体和社会的责任感,形成现代社会所必需的合作与竞争意识,培养集体主义精神。当今社会的飞速发展对个体能力提出了更高的要求,强健的体魄和坚强的意志,成为适应社会竞争的必要条件。体育运动的顽强拼搏、永不言败、超越自我、团结合作的精神品质,能够激励一个团体、一个民族迸发出改造社会、改造自然的巨大力量,使人类能够在更大的程度上超越自我,实现集体整合。

《体育与健康课程标准》中指出,体育教学要尊重教师和学生对教学内容的选择,使课程有利于激发学生的运动兴趣,养成坚持体育锻炼的习惯,形成勇敢顽强和坚忍不拔的意志品质,促进学生在身体、心理和社会适应能力等方面健康、和谐地发展。同时,要重视人力、体育设施和课程内容等方面资源的开发。根据课程标准的要求和学校实际,遵循整体规划,引导兴趣,循序渐进的原则,我们开发了"安塞腰鼓"、"快乐篮球"、"足球小将"、"飞旋的小球"等运动健康系列校本课程,引导学生参与运动,培养兴趣,学会相互合作,沟通交流,让运动成为日常中的一部分,为终身体育奠基。

小学生的体育运动应当返璞归真,回归童味,锻炼身体,体验欢乐。运动与健康系列课程的实施,要注意以下几个方面的问题:一是要激发儿童的体育运动兴趣爱好。可以以游戏的形式将所学内容变得有趣,让课堂教学充满欢乐,让学生全身心地投入到玩游戏中,从而达到教学目标。也可以用竞赛的方式激发儿童参与体育运动的欲望,为学生搭建展示自我的舞台,从中获得自信和成就感。二是让学生全面参与,主动思考。注意选择具有挑战性的活动内容,让儿童动手、动口、动脑,多种感官参与,合作交流,探究学习,让学生主动思考,发现问题,解决问题,开启儿童的生命智慧。三是要培养合作精神。可以将学习能力和运动技能各异的学生组成一个学习小组,以小组形式开展教学,共同完成学习目标,掌握运动技能,发挥各自的长处,相互协作,共同进步,培养团队精神、合作意识和集体荣誉感。

运动健康系列课程的实施,让儿童不仅仅获取运动技能,更重要的是自信,找到了自己所喜欢的体育课程,找到了展现自我的舞台。儿童根据自己的兴趣爱好和需求,选择个人喜爱的方法参与体育活动,挖掘运动潜能,提高运动欣赏能力,形成积极的生活方式。他们掌握体育与健康的基本知识和运动技能,学会学习体育的基本方法,形成终身锻炼的意识和习惯。学校搭建体育节和外出运动的舞台,让每个学生都展现自己的精彩。学生在体育运动中百花齐放,强身健体,自由成长,学会思考,适应团队,收获自信,彰显个性,从而打开幸福生活之门。

体育运动不仅是强健自身使人类生物潜能开发释放的过程,而且是培养坚忍不拔的意志和艰苦奋斗精神的过程,是通过人和为了人而对人的本质真正占有的过程,是人向自身、向社会的(即人的)"复归过程"。(马克思语)在体育运动中,人不仅改造和创造自己,实现人的身心完美展开和全面实现,而且也改造和创造着环境——只是这一环境并非外在的自然环境,而是人类自我的个性生理环境,乃至社会群体的生理、心理环境,实现个体人格和社会人格的和谐与统一。

课程 6-1

安塞腰鼓

一、课程背景

安塞腰鼓是陕西的大型民间传统舞蹈艺术形式,发源于延安安塞,具有 2 000 年以上的历史,展现了西北黄土高原农民朴素而豪放的性格,张扬出独特的艺术个性。在圣地延安,在首都北京,在特区香港,在世界各地,安塞腰鼓以其特有的气势鼓舞人心、展现风采。

安塞腰鼓豪迈粗犷的动作变化,刚劲奔放的雄浑舞姿,充分体现着中华儿女善良、朴实、向着新时代不断进取的精神。小学生学习安塞腰鼓,不仅能锻炼身体、增强体质,还能提高身体的灵敏性和协调性,开发艺术智慧。安塞腰鼓活动可以愉悦儿童的身心,激发他们对生活的热爱,陶冶情操,张扬生命,培养他们的民族自豪感和民族自信心。

本课程的理念是:鼓雄身健,舞动生命,鼓舞生活。本课程不仅让学生在腰鼓学习中强身健体,还通过豪迈粗犷的动作变化,刚劲奔放的雄浑舞姿,培养学生自信、乐观的生活信念,感受中国传统文化的魅力。同时丰富校园体育文化,让体育课堂变得多姿多彩。

二、课程目标

1. 了解安塞腰鼓的历史、艺术特性、文化意义和表演风格,会欣赏安塞腰鼓粗犷奔放的美。

2. 掌握安塞腰鼓的基础动作,会打安塞腰鼓,锻炼身体的灵敏性和协调性,享受快乐与自信。

三、课程内容

本课程的主要内容是了解安塞腰鼓，学会打安塞腰鼓，分安塞腰鼓的历史文化、基础知识、基本动作和组合运用等4个模块。

模块一：鼓韵文化，舞乐精神——安塞腰鼓之历史文化

了解安塞腰鼓的起源、演变和发展，知道安塞腰鼓的两千年历史传承，认识安塞腰鼓的艺术特色、动作规律、文化意义及表演规格，感受安塞腰鼓厚重的文化积淀。

模块二：鼓风鉴识，舞技博通——安塞腰鼓之基础知识

了解安塞腰鼓的基本知识、基本步伐、基本动作、组合造型，还包括打击乐、吹奏乐、鼓点的特点、作用、常用鼓点，基本结构及基本操作。

模块三：鼓音传动，舞姿飞扬——安塞腰鼓之基本动作

学习安塞腰鼓的基本动作：小掂步、马步横移、十字步、弹跳步、小缠腰、大缠腰、缠腰转身、缠腰转身180度、缠腰转身360度、缠腰过裆、跪地鼓、弹跳转身、对鼓、凤凰三点头、喜盈门、丰收步，等等。

模块四：鼓声合鸣，舞态生风——安塞腰鼓之组合运用

学习安塞腰鼓组合动作，展现中华民族质朴、豪迈精神。其中双踢腿、拼一路、拜四方、十字梅花、四人交叉、二人交叉、乱开花最为常用，学生要重点学习。

四、课程实施

本课程的实施对象是全校学生，需要准备安塞腰鼓、腰肩绸、鼓槌、鼓绸等。本课程20课时，具体实施方法如下：

（一）文化熏陶法

让学生了解安塞腰鼓的起源、演变和发展，当地风土人情，历史文化，知道安塞腰鼓的两千年历史传承，让学生感受安塞腰鼓厚重的文化积淀和无穷魅力，受到中华民族优秀传统民间艺术的熏陶。

（二）直观讲解法

教师直观讲解，让学生认识安塞腰鼓的结构组成，击打方法和穿戴方法。教学中要让学生亲自观察，亲身实践，拿起自己的腰鼓，认识它们的结构。

（三）演示训练法

根据学生的发展水平，确定不同年段学生的学习内容。训练教师根据年段课程安排，设计教学程序。教师要重视示范讲解，将所要教授的具体动作进行示范演示。也可播放视频示范。教学过程中注意培养"小老师"协助教学。

（四）创新启发法

训练教师根据学生所学基础动作，为学生编排花样打法，让学生分组创编，把学生的想法编排到他们的表演动作中，形成自己的特色，激励学生主动创编腰鼓动作，培养儿童的创造性思维能力。

五、课程评价

本课程以多元化的激励性评价为主，具体的方法如下：

（一）竞赛性评价

组织各个班级参加学校的安塞腰鼓大赛，对学生的腰鼓学习水平进行评价，促进学生加强日常训练。根据竞赛成绩，对学生进行激励评价，提高儿童学习腰鼓的兴趣。

（二）评选性评价

组织"优秀腰鼓队员"评选活动，评选出腰鼓打得好的学生，并请这些优秀的学员介绍自己的心得，激励全体学生认真学习安塞腰鼓。

（三）分享性评价

在课堂教学中，让学生分组表演，大家共同分享学习成果，促进生生主动交流，相互学习。在分享表演中，教师要引导学生学会欣赏他人，并对表现突出的学生给予正面鼓励，提高学生进行分享交流的积极性。

（撰稿：成　娜）

課程
6-2

童悦体育游戏

一、课程背景

学校体育游戏属于教育性游戏,它以体育动作为基本内容,以游戏为基本活动形式,以增强学生体质为主要目的,是一种特殊的体育活动。小学生天真活泼,具有好动的天性,对体育活动有广泛的兴趣。他们把体育看成"玩",只要能活动就感到满心欢喜,表现兴趣盎然,不知疲倦。

体育游戏是通过身体运动的方式进行的,对人体具有锻炼价值。在体育游戏实施过程中,组织者可以有意识地设计不同的活动形式,采用不同组织策略,赋予体育游戏以某些特定的身体锻炼价值和思想教育价值,通过体育游戏达到锻炼身体、增强体质、遵守规则、培养意志等方面的目的。

本课程的理念是:快乐体育,健康成长。体育运动不仅是教育的途径,更是儿童美好生活的组成部分。要把运动作为儿童生活的内容,让儿童理解、掌握和创造运动,享受体育运动的快乐,健康成长,使运动文化成为童年生活不可缺少的一部分,直至终生。

二、课程目标

1. 掌握基本的体育基础知识,懂得如何进行体育锻炼。

2. 从基础锻炼做起,增强体质,提高耐力素质和力量素质,形成团队合作意识。

三、课程内容

本课程根据一年级学生的年龄、生理、兴趣等方面特点,将教学内容融入体育游戏中。根据游戏的不同特点,分为室内游戏、趣味跑游戏、蹦蹦跳游戏及队列体操游戏 4 个模块。

模块一：室内游戏

室内游戏主要有翘板接毽、装卸木材、钩肘站立、叫号接龙等形式。室内体育游戏不受时间、天气的限制,改变了室内体育课相对较枯燥、说教听教的模式,使课堂教学变得有活力,有利于提高学生分析问题、解决问题的能力。

模块二：趣味跑游戏

趣味跑游戏主要有蚂蚁搬家、修筑铁路、疾驰抢险、抢夺阵地等形式。通过创设主题,设计任务菜单等形式创设不同的跑步游戏,使枯燥的跑步活动变得花样有趣,让学生积极参与,学会跑的基础知识和基本技能,达到强身健体。

模块三：蹦蹦跳游戏

蹦蹦跳游戏主要有电子琴、青蛙找妈妈、飞跃障碍、越过地雷阵等形式。设计蹦蹦跳类体育游戏,在一定的规则内开展教学,可以发展学生的腿部力量,锻炼学生身体的协调性和灵敏性。

模块四：队列体操游戏

队列体操游戏主要有行动一致、大转移、照镜子、反口令等形式。将队列队形训练融入符合一年级学生特点的体育游戏中,在完成教学任务的同时,加深学生对知识的理解。

四、课程实施

本课程以一年级学生为对象,让学生在平等、轻松、愉悦的体育游戏中掌握基本的跑、跳、队列队形技能。本课程共 18 课时,具体实施方法如下：

（一）讲解示范法

讲解示范是通过学生视觉、听觉的感知向大脑传递信息。教师要讲解清楚游戏的规则和要求，并抓住细节，做出正确的示范。教师在讲解时要语言生动、简练，富有情感。示范时要自信、坚定，表情轻松、自然、动作干净、利落，讲解语音准确、语调恰当。

（二）合作学习法

在教学中，教师可以根据学生的运动技能、学习态度等因素对学生进行分组，围绕学习内容展开讨论，合作完成运动任务。要注意发挥小组合作的优势，全员参与，相互学习，取长补短，健康成长。

（三）创编游戏法

教师可以确定游戏的主题，并给出一定的条件和限制，让学生围绕主题创编游戏。创编游戏是激励学生动手、动脑进行学习的有效手段，也是学生在学习中分析问题、解决问题的过程。

（四）循环练习法

教师可以根据练习任务的需要，选定若干练习手段，设置若干个相应的练习站（点），让学生按规定顺序、路线和练习要求，逐站依次循环练习。该法可以促进学生更加熟练掌握运动技能。

五、课程评价

本课程主要采取激励性的评价，具体的方法如下：

（一）多元性评价

重视评价主体的多元性，组织学生开展"自我评价"、"小组互评"、"老师评价"等，让学生学会欣赏他人、正确认识自己，掌握与他人沟通的技能。

（二）评选性评价

根据学生的学习态度、技能的熟练程度、游戏的创编质量等，评出"创编游戏小明星"、"游戏达人"等，激励学生积极参加体育游戏活动。

（三）展示性评价

根据学生在体育游戏中的表现，组织学生展示自己在体育游戏中的"绝活"，增强学生的自信心，激励全体学生参与到体育游戏活动中来。

（四）竞赛性评价

组织学生开展体育游戏竞赛，激励学生积极参加体育锻炼。针对不同的教学内容，要设计不同的游戏，拟定不同比赛规则，让每一名学生都有机会参与，都能够通过锻炼取得好的成绩，让学生在竞赛中达到强身健体的目的。

（撰稿：罗国荣）

课程
6-3

快乐篮球

一、课程背景

篮球运动起源于美国马萨诸塞州,1891 年由詹姆斯·奈史密斯发明,是以手运球、投球为中心的对抗性体育运动。篮球运动持续时间长,要求参与者反应敏捷,能快速奔跑、突然与连续起跳,具有强烈的对抗性。篮球运动是集体运动项目,要求运动员必须具备勇敢顽强的斗志和团结协作的精神。人们参与篮球运动,不仅强身健体,还可以培养人的自信心、意志力、进取心、自我约束等能力以及尊重对手、公平竞争的道德品质。在篮球比赛中,双方斗智斗勇,观众可以欣赏到娴熟的运球、巧妙的传球、准确的投篮、机智的抢断、精彩的扣篮和出奇的封盖,攻守交错、对抗变换。比赛形势风云变幻,具有很强的观赏性,受到广大体育爱好者的喜爱,已经成为奥运会等重要比赛项目。

篮球是中小学体育与健康课程的重要内容。小学生参与篮球运动,掌握基本的技能、战术,学会简单配合,通过运动锻炼跑、跳、投掷等能力,提高身体素质。同时,还可以培养团结合作的精神、公平竞争的品质、积极进取的精神,让学生在运动中得到快乐,在快乐中得到发展,养成坚持锻炼身体的良好习惯。

本课程的理念是:快乐篮球,健康运动。学生参加篮球运动,了解篮球运动的基本知识,掌握篮球的基本技能,锻炼身体,放松身心,感受集体的力量,促进身心健康成长。

二、课程目标

1. 掌握篮球运动的基本知识、战术和规则,学会在运动中自我保护,防止运动伤害。

2. 积极参加篮球运动,发展灵敏、速度、耐力等身体素质,培养机智、果断的优良品质和集体主义精神。

三、课程内容

本课程主要内容是认识篮球,掌握篮球基本技巧和战术,分为篮球的基础理论、基本技术、简单战术以及篮球赛的组织、编排与裁判等 4 个模块。

模块一:篮球的基础理论

介绍篮球运动的起源、发展历史,让学生知道篮球运动的特点、篮球的场地要求,篮球运动对人成长和发育的意义与价值,篮球技术动作的分类和要领以及基本的篮球裁判知识等。了解国内外重要的篮球联赛和体育赛事,激发对篮球运动的兴趣。

模块二:篮球基本技术

学习篮球的基本技术动作,如球性练习、步法练习、传接球练习、运球练习、投篮练习、行进间上篮练习、防守练习,以及简单的战术配合、简单的篮球裁判知识等,提高学生的技能水平,提升学生的身体素质,为篮球战术的学习奠定基础。

模块三:篮球简单战术

在掌握基本技术的基础上,介绍一些简单的战术配合,如进攻中传切配合、进攻中突破分球、进攻中策应配合、进攻中掩护配合等战术配合;防守中"关门"配合、防守中夹击配合、防守中补防配合等战术配合。通过学习使学生清楚篮球战术的概念、目的,战术的各要素及其关系,提高学生技术的综合运用能力。

模块四:篮球赛的组织、编排与裁判

篮球比赛的组织分三步:一、制订比赛的组织工作方案;二、制定竞赛规程;三、制订比赛工作计划。编排上一般可采用淘汰制、循环制、交叉制、混合制等。学生还要了解裁判的基础知识,如进攻犯规、防守犯规、走步违例、二次运球违例等；通过学习提高学生的组织协调能力，掌握基本的裁判法。

四、课程实施

本课程的实施对象是三至六年级学生，需要准备篮球、标志杆或标志墩、秒表、讲解板等教学用具。本课程共16课时，具体实施方法如下：

（一）文化熏陶法

学生自主观看或下载关于篮球起源的相关资料，深入了解篮球文化，使学生感受篮球的魅力，在欣赏中感受篮球的艺术美。介绍各大联赛中球星，如姚明、易建联、詹姆斯、科比等，观看相关比赛，树立球星榜样，学习其坚忍不拔、永不放弃的精神品质。

（二）合作学习法

以小组为单位组织教学，可以以2—4人为一小组或6—10人为一大组，合作运球、传球，进行技术配合练习。学生之间相互展示技术动作，相互评价、纠正错误，提高学习效率。

（三）实践总结法

通过实战，学生能较好地把握动作技术要领、技巧及注意事项，如运球、传球、投篮、篮板、快攻等。学生在不断地进攻和防守实践中发现问题，寻找解决问题的方法，并加以总结整理和改正。通过反思总结，提升战术意识，形成大局观。

五、课程评价

本课程主要采取激励性的评价，具体方法如下：

（一）定性评价

重视评价主体的多元化，积极开展自评和互评。学生对自己进行评价，加深对动作要领理解以及提高技术动作；学生与学生之间相互评价，评价者针对被评者动作作概括性描述和建议，以帮助被评学生进一步改进与提高,培养学生团结协作、合作学习以及提高责任意识。

（二）展示评价

举办"我是神投手"、"传球小王子"、"运球神功"等展示活动,进行评价,激励学生练好篮球基本功。如在学习投篮后,将学生分组进行比赛,每组投中最多的同学代表本组学生进入最后比赛,最后看谁获胜。通过现场投篮比赛,让学生在体验中成功的快乐,享受篮球运动。

（三）竞赛评价

把学生分成小组,在小组之间开展篮球对抗赛,以竞赛结果为依据对学生的小组水平进行评价。点评时关注个体在球赛中的表现,引导学生反思自己篮球的基本技能和战术配合能力,提高实战水平。

（撰稿：赵传阳）

奔跑吧孩子

一、课程背景

短跑是田径运动的重要项目,它要求以最快的速度在指定的跑道上跑完规定的距离,最先跑完者获胜者。短跑包括 50 米跑、60 米跑、100 米跑、200 米跑、400 米跑、4×100 米接力跑等几项。短跑的运动特点是距离短、速度快,人体运动器官在大量缺氧情况下完成的极限运动项目,以无氧代谢方式供能。

短跑对运动员的生理、专项技术、身体素质、体力分配、运动节奏的把握等方面都有较高的要求。小学生开展短跑活动,有利于改善血液循环,增加骨细胞营养物质的供应,提高骨细胞的生长能力,促进骨的正常发育,提高神经系统反应的灵敏性。同时,还能培养竞争意识和坚毅、顽强的意志品质。

本课程的理念是:快乐跑跑跑。组织学生开展短跑活动,让学生掌握短跑的基本运动技巧,学会运动保护的方法,享受运动的快乐,激发参与运动的兴趣。在教学中可以创新短跑的运动形式,增加运动的乐趣,激发学生的创新意识,激励学生形成终身参加体育运动的习惯,培养坚定的意志。

二、课程目标

1. 掌握正确的跑步方法,学会在运动中自我保护,防止运动伤害。

2. 坚持参加短跑运动,享受运动的乐趣,培养坚定的意志品质,养成终身锻炼的习惯。

三、课程内容

本课程主要内容是学习短跑,分为短跑知多少、短跑练一练和短跑比一比等 3 个模块。

模块一:短跑知多少

了解短跑对身心发展的作用,如短跑能够有效地增强体能、促进身体素质的发展,锻炼顽强拼搏的精神和坚定的意志品质。学习并掌握短跑规则,如起跑怎样算犯规、串道在哪种情况下算犯规等。

模块二:短跑练一练

学习起跑、加速跑、途中跑和终点跑的技术。起跑的姿势有站立式、蹲踞式等。起跑后的加速跑方法是步长逐渐加大,上提逐渐抬起,两脚落点逐渐靠近成一条直线。途中跑要上体稍前倾,头部正直与上体保持一致,动作轻松自然,充分发挥肌肉力量。终点跑要掌握终点撞线技术。

模块三:短跑比一比

开展短跑比赛活动,提高学生参与短跑的积极性。比赛可以以班级为单位,由班主任负责训练,体育老师协助。比赛规则:每一次比赛最多允许三名选手参加,参赛队员按指挥进入相应跑道起跑线;选手必须在发令后才可开始在自己的跑道跑步,否则一律重跑,提前跑者取消参赛资格;选手必须越过跑道终止线,然后往返在自己的跑道跑回起跑线为止;没有越过跑道边线的取消比赛成绩;计时员在发令开始时计时,到往返跑完为止。年级各评选出男女各一名"60、100、200 米短跑王"。

四、课程实施

本课程以二年级学生为实施对象,需要准备运动场地。本课程共 15 课时,具体实施方法如下:

以儿童为中心的课程
欢乐谷课程的旨趣与维度

（一）示范讲解法

教师讲解短跑的各种技术动作，并配以示范，将知识和技能以直观的方式传授给学生。示范讲解时一是要注意做动作分解与合成，让每名学生都能掌握技术要领。二是要注意校正反馈，对学生练习过程中的不准确动作进行校正，提高学习效率。

（二）游戏活动法

设计各种跑步游戏，组织学生通过游戏练习短跑。注意讲解游戏规则和注意事项，让学生在游戏中掌握将起跑姿势的正确动作、加速跑及加速跑的身体状态、途中跑的姿势及正确发力点等技能。了解掌握跑的相关规则，培养团结互助、顽强拼搏的精神。

（三）竞赛学习法

组织个人对抗赛、团体赛、邀请赛、表演赛等赛事，激发学生的积极性，促进学生掌握短跑的技术动作，养成自觉参加体育锻炼的习惯。组织比赛时要做好安全防护，防止意外发生。

五、课程评价

本课程以激励性的评价为主，具体方法如下：

（一）定性评价

在练习过程中，利用激励性语言的语言进行定性评价，如动作流畅、学习认真等，激励学生积极参与体育锻炼。在学习结束后，对学生的短跑成绩进行考核，给予优秀、合格或不合格的等级评价，让学生正确认识自己的发展水平。

（二）过程评价

通过对每一次短跑训练过程进行自评、他评，引导学生对自己的训练活动进行反思，学习他人的优点，克服自己的不足，提升自己的运动水平。各小组由组长负责落实并做好记录。

（三）竞赛评价

组织学生开展短跑比赛，以竞赛结果为依据对学生的短跑水平进行评价。竞赛结束后适当进行点评，引导学生反思自己跑的技术动作，促进学生养成自觉参加体育锻炼的习惯。组织比赛时要做好安全防护，防止意外发生。

（撰稿：封　波）

课程
6-5

足球小将

一、课程背景

足球是全球体育界最具影响力的单项体育运动,有"世界第一运动"的美誉。标准的 11 人制足球比赛由两队各派 10 名球员与 1 名守门员,总共 22 人,在长方形的草地球场上对抗、防守、进攻。足球起源于古代战国时期的齐国,当时把足球名为"蹴鞠",汉代蹴鞠是训练士兵的手段,制定了较为完备的体制。如专门设置了球场。唐宋时期蹴鞠活动达到高潮,甚至出现了按照场上位置分工的踢法。现代足球起源地是在英格兰。足球作为世界第一运动项目,在一定程度上代表了国家的文化软实力。

足球作为一项风靡全球的运动,深受青少年学生喜爱。推广校园足球,将足球文化和足球技能教学引入课堂,让学生在足球运动中强身健体,可以锻炼青少年的意志品质,培养团结合作的协同能力、努力拼搏的竞争意识和直面挫折的健康心理。2009 年 4 月,我国在全国范围内开展了校园足球活动,大力开展各级别足球联赛。2013 年校园足球进入新的阶段,在继续开展校园足球联赛的同时加强了足球课程的建设,促进了校园足球的推广和普及。

本课程的理念是:快乐足球,健康成长。足球是一项快乐的运动,它带给儿童的不仅是身体素质的提高,还有团队合作意识和顽强拼搏的精神。学生在足球运动中感受群体的力量和温暖,经历成功与失败中的酸甜苦辣,促进身心健康成长,享受足球的快乐。

二、课程目标

1. 掌握基本的足球技术,提高对球的控制能力,学会在运动中自我保护,防止运动伤害。

2. 积极参加足球运动,发展灵敏、速度、耐力等身体素质,培养机智、果断的优良品质和团结一致、密切配合的集体主义精神。

三、课程内容

本课程的主要内容是足球的知识与技能,分为足球知识、足球技巧、足球对抗和足球比赛等4个模块。

模块一:足球知识答答答

向学生介绍足球的基本知识,如标准的足球比赛由两队各派10名球员与1名守门员,共11人,在长方形的草地球场上对抗、进攻。用视频播放足球赛事视频,让学生了解足球比赛的基本规则。组织学生进行足球基本知识问答,激发学生的学习兴趣。

模块二:足球技巧碰碰碰

学生人手一球,独自进行反复进行触球练习培养球感。也可以采用小组学习形式进行触球练习。注意在情境导入脚内侧踢球等足球技术,练习用脚的不同部位踢球,如可以脚弓,外脚背,脚尖,脚后跟等身体不同部位踢球。

模块三:足球对抗强强强

向学生介绍足球对抗的方法,特别注意让学生掌握对抗的合理限度,避免违规,如足球身体对抗都是用胳膊,看好球的落点,然后站在那里.有人想挤开你,你就撑开胳膊顶他,用肘往上的部分,动作不太大的都不算犯规。同时还要教会学生自我保护,防止在对抗中受伤。

模块四:足球比赛乐乐乐

组织学生开展足球赛,掌握基本的足球比赛战略战术,学会相互配合,享受足球运动的快乐。通过比赛,加强锻炼,提高身体素质,培养团队意识和竞争意识,增强集体荣誉感。

四、课程实施

本课程是以二年级学生为对象的,本课程需要准备足球、绕球杆、敏捷梯、标志碟、雪糕筒、小旗等。本课程共8课时,具体实施方法如下:

（一）知识讲解法

通过观看视频,教师讲解,让学生初步了解足球运动,如足球的起源、大小,足球场的长宽、球门高度,什么是越位、手球、定位球,等等。

（二）引领示范法

邀请掌握比较好的学生进行动作示范,展示优秀学生的动作亮点,激励全体学生积极参与足球训练,形成赶学帮超的良好学习氛围。

（三）持续训练法

必要的练习次数和练习时间是学生熟练掌握足球技术动作的前提。教师进行技术动作分解,让学生明白技术动作基本要领后,要组织学生进行反复的技术动作操练,达到熟能生巧的程度。学生进行持续训练时,老师要注意观察,发现训练过程中出现的问题,及时指导改进,提高训练效率。

（四）分层教学法

学生对足球技术动作的领悟与掌握是存在差异的,教师要根据学生的掌握情况,及时分组分层开展教学,提高教学的针对性。分层教学时,要注意保护学生的学习积极性,鼓励学生积极参与、坚持练习、及时反思,不断提高足球技术水平。

五、课程评价

本课程以激励性的评价为主,具体的方法如下:

（一）积分制评价

采用"团队积分制"评价,把学生5人组成一个小组,根据小组成员的表现,在学习过程中分别记分。一节课结束时计算小组的总分,总分最多者获胜,激励小组成员互帮互助,相互学习,共同进步。

（二）描述性评价

教学过程中注意观察学生的表现,特别是对学生的各项技术动作进行细致观察与统计,如颠球次数,传球及射门等技术动作的协调和准确性,然后对被评学生作概括性描述和评分,让学生明白自己的进步与不足,帮助学生改进与提高技术动作。

（三）展示性评价

举办"我是小小足球员"展示活动,让学生现场表演控球、传球、带球、射门、脚内侧踢、停球等技术动作,展示学习成果,增强荣誉感,享受足球的快乐。

（撰稿：刘 梅）

課程
6-6

飞旋的小球

一、课程背景

乒乓球是球类运动之一,在中间隔有横网的长 274 厘米、宽 152 厘米、高 76 厘米的球台上进行。球直径 40.00 毫米,重量 2.40 克～2.53克,白或黄色,用塑料制成,打时有"乒乓"声,故名乒乓球。乒乓球起源于英国,近几十年中国在世界各个乒乓球运动大型赛事中均取得压倒性胜利,处于绝对领先的国际地位,也被称为中国国球,为全国人民所喜爱和关注。

乒乓球是一种神奇的运动,适度负荷的乒乓运动能促使人体释放一种多肽物质——内啡肽,使人们在进行运动后直接感受到舒适愉快的心情。打乒乓球的过程中伴随着血流量和吸氧的增加,增加肾上腺素分泌量,对中枢神经系统有良好的效果,可以有效控制抑郁。小学生参加乒乓球运动,不仅可以锻炼身体的灵敏性和反应速度,体会打乒乓球的乐趣,而且可以培养顽强、坚韧、自信、勇敢和机智的品质,形成拼搏进取的意志品质,养成坚持锻炼身体的良好习惯。

本课程的理念是:让飞旋的小球转动快乐的童年。小学生走进乒乓球运动,就走进了一个神奇的世界,这里不仅有他们的汗水与眼泪,还有他们的收获与喜悦,这里记载着他们多姿多彩的童年。他们在这里收获友谊、锤炼意志、塑造人格、丰盈生命!

二、课程目标

1. 了解乒乓球的常识,掌握乒乓球运动的技术,学会在运动中自我保护,防止运动伤害。

2. 坚持参加乒乓球运动,享受运动的乐趣,养成终身锻炼的习惯,培养坚定的意志品质和勇于拼搏、积极向上的生活态度。

三、课程内容

本课程的主要内容是学习乒乓球运动,包括运动规则、攻球技巧和谁是冠军等 3 个模块。

模块一:运动规则

介绍比赛规则,包括发球、接发球和方位的选择,以及出现错误如何处理,如何合法还击,如何计分,如何判断一局、一场的胜负等。

以玩球,认识球为主,主要通过游戏培养儿童对乒乓球的兴趣,培养促使儿童全面发展。

模块二:攻球技巧

乒乓球的攻球技巧包括握拍方法、发球方式、打法类型和主要战术等内容。在学习攻球技巧,要先培养儿童对乒乓球的感觉,锻炼儿童的视觉、触觉和听觉,提高儿童的反应灵敏度。学习攻球技巧时,要指导儿童边学边练边反思,在实践中总结经验,反思成败,不断改进,提高实战水平。

模块三:谁是冠军

学生掌握乒乓球运动的规则和基本攻球技巧后,可以组织学生开展乒乓球比赛。可以两人一组单打,可以四人一组双打,以赛代练,比比谁厉害,通过基本攻球技术动作的学习体会乒乓球的攻防意识,提高乒乓球技术的熟练程度,提升乒乓球技术水平。

四、课程实施

本课程的对象是二至六年级学生,需要准备乒乓球拍 40 只,乒乓球 40 个,球桌 20 张。具体实施方法如下:

(一)知识讲解法

通过观看乒乓球比赛视频,教师讲解,查找书籍、报纸、杂志等,初步了解乒乓球的运动知识。

（二）引领示范法

教师做示范，通过镜面、背面、侧面示范，能够直观看清每个动作细节，挑选动作规范的学生引导大家一起做。

（三）持续训练法

经过一定时间的练习，加大练习密度和训练强度，提高动作的熟练程度，达到熟能生巧的目的。

（四）反馈校正法

在学生练习的过程中，发现错误及时纠正，强化重复正确的动作，提高训练效率。

（五）以赛代练法

可以两人一组、四人一组，按照比赛的要求进行练习。通过比赛，产生竞争的压力，提高学生的积极性。

五、课程评价

（一）即时性评价

在教学过程中，对表现优秀的同学及时给予口头表扬，鼓励全体同学积极参加乒乓球运动。对于同学出现的错误，及时指出，改进动作，提高技术水平。

（二）分享性评价

在课堂教学中，让学生分享自己打球的心得体会，包括成功的经验和失败的教训，促进生生主动交流，相互学习。在分享过程中，教师要引导学生学会欣赏他人，学习他人的经验，借鉴他人的教训，提高自己的水平。

（三）竞赛性评价

把学生分成小组，在小组之间开展乒乓球对抗赛，以竞赛结果为依据对学生的小组水平进行评价。点评时要关注学生在比赛中的技巧动作，引导学生反思自己的基本技术和战术，提高实战水平。

（撰稿：刘东斌）

后

记

清晨,阳光穿过树林,将影子斑驳地打在校园小路上,孩子们的欢笑声从大门口传过来,校园顿时沸腾了,一片生机!在这个寒冷的冬季,桂花树依然散发出沁人心脾的幽香,洋紫荆在教室的窗前探头探脑,簕杜鹃绕着长廊,还有紫薇、羊蹄甲、猫尾木、朱缨花、长春花……都躲在一角,悄悄开放。

漫步校园,我情不自禁地思考,我们究竟要带给孩子一个什么样的童年?我们坚信,每一段生命历程都有其不可替代的价值,教育应该尊重生命成长的顺序,让每个孩子都拥有一个幸福的童年。我们应该站在孩子的角度,理解孩子,打造适合孩子、孩子乐于参与的课程,让童心飞扬,让童年绽放。我们坚信,教育的根本目的是培养能够幸福生活的人,我们就是要建设"一所富有儿童味的学校","舞动童心,鼓舞童年",推进"童味教育"。

经过两年的努力,黄陂小学《以儿童为中心的课程:欢乐谷课程的旨趣和维度》一书即将付梓,这是我校推进课程改革结出的一个硕果,也是献给黄陂学子的一份厚礼。我们希望,当孩子们走进"欢乐谷"的时候,每一颗童心都快乐飞扬,每一双眼睛都闪闪发光:智慧在这里成长,生命在这里绽放。在这里,孩子们拥有一个幸福而难忘的童年,成长为举止文雅、乐学善思、兴趣广泛、健康自信的少年,学会健康地生活、智慧地生活、高雅地生活。

感谢上海教育科学院杨四耕老师对我校课程建设的悉心指导。杨老师多次深入我校,对学校的课程规划进行论证,对如何撰写课程纲要进行培训,甚至亲自修改。对课程建设中遇到的困难,杨老师也及时给予悉心指导。

感谢课程建设团队的辛勤付出。两年来,团队成员克服诸多困难,积极探索,认真实践,精益求精,以一丝不苟的工作作风认真完成书稿。有很多同事牺牲了休息时间,周末假期还在和我一起讨论书稿。

该书的出版,是为了总结学校课程建设成果,也是为了更好地求教于名师方家,以便同行一起讨论、探索。同时,也标志着我校课程建设站在了一个新的起点。我们坚信,沿着这条路走下去,黄陂小学的明天一定更美好!

徐德兵
二〇一九年元旦于欢乐谷

学校课程发展丛书

数学学科课程群	978 - 7 - 5675 - 9445 - 6	58.00	2019 年 8 月
科学学科课程群	978 - 7 - 5675 - 9593 - 4	34.00	2019 年 9 月
核心素养与课程设计	978 - 7 - 5675 - 9462 - 3	46.00	2019 年 9 月
语文学科课程群	978 - 7 - 5675 - 9441 - 8	56.00	2019 年 9 月
品牌培育与学校课程	978 - 7 - 5675 - 9372 - 5	39.00	2019 年 9 月
英语学科课程群	978 - 7 - 5675 - 9575 - 0	39.00	2019 年 10 月
体艺学科课程群	978 - 7 - 5675 - 9594 - 1	34.00	2019 年 10 月
跨学科课程的 20 个创意设计	978 - 7 - 5675 - 9576 - 7	34.00	2019 年 10 月
学校课程与文化变革	978 - 7 - 5675 - 9343 - 5	52.00	2019 年 10 月

品质课程实验研究丛书

学校课程框架的建构：HOME 课程的旨趣与架构

978 - 7 - 5675 - 9167 - 7　36.00　2019 年 9 月

聚焦育人目标的课程设计：红棉花季课程的愿景与追求

978 - 7 - 5675 - 9233 - 9　39.00　2019 年 10 月

核心素养导向的课程设计：花园式课程的文化与聚焦

978 - 7 - 5675 - 9037 - 3　48.00　2019 年 10 月

学校课程文化的实践脉络：百步梯课程的逻辑与架构

978 - 7 - 5675 - 9140 - 0　48.00　2019 年 11 月

学校课程发展策略：SMILE 课程的逻辑与深度

978 - 7 - 5675 - 9302 - 2　46.00　2019 年 12 月

学校课程深度变革丛书

品质课程丛书

课程群:学习的深度聚焦　　　　978 - 7 - 5675 - 6981 - 2　45.00　2017 年 11 月
嵌入式课程:特色课程的路径和方略

978 - 7 - 5675 - 6947 - 8　42.00　2017 年 11 月

特色学校聚焦丛书

每一个孩子都是一棵树　　　　978 - 7 - 5675 - 6978 - 2　28.00　2018 年 1 月
教育不是一个人的事:"众教育"36 条

978 - 7 - 5675 - 7649 - 0　32.00　2018 年 8 月
不一样的生命,一样的精彩　　978 - 7 - 5675 - 8675 - 8　34.00　2019 年 3 月
童味正醇:特色学校的文化图谱　978 - 7 - 5675 - 8944 - 5　39.00　2019 年 8 月
特色普通高中课程建设探索　　978 - 7 - 5675 - 9574 - 3　34.00　2019 年 10 月